数字でみる観光

［2022 年度版］

JN121022

目　次

2. 観光資源

3. 観光施設

4. 旅行業

5. 輸送

目次

6. 国民生活と余暇

7. 世界の観光

8. 日本の国際観光の動向

目次

〈資料編〉

1. 日本の国内観光の動向
都道府県別観光地入込客統計

（単位：万人）

都道府県	'17 （平29） (2020年11月30日現在)	'18 （平30） (2021年7月30日現在)	'19 （令1） (2021年9月30日現在)	'20 （令2） (2022年5月31日現在)	'21 （令3） (2022年9月30日現在)
北 海 道	5,584	注1	注1	注1	注1
青 森 県	1,519	1,637	1,413	1,096	1,254
岩 手 県	1,261	1,468	1,252	1,002	1,388
宮 城 県	3,029	3,122	2,844	2,081	2,383
秋 田 県	1,420	1,321	1,246	908	1,217
山 形 県	2,150	2,138	2,087	1,546	注1
福 島 県	2,311	2,274	3,329	2,204	注1
茨 城 県	3,955	4,041	4,027	3,411	3,584
栃 木 県	5,549	4,848	注1	3,569	4,192
群 馬 県	3,037	3,517	2,957	1,976	2,440
埼 玉 県	11,899	11,435	10,630	注1	注1
千 葉 県	13,276	12,070	11,157	7,360	注1
東 京 都	53,709	注1	注1	注1	注1
神 奈 川 県	10,690	9,759	10,282	7,551	注1
新 潟 県	3,361	3,262	3,505	注1	注1
富 山 県	1,637	1,575	1,482	1,104	注1
石 川 県	注1	注1	注1	注1	注1
福 井 県	1,211	1,239	1,400	855	1,162
山 梨 県	3,216	3,769	3,465	1,688	1,838
長 野 県	3,847	4,518	3,867	2,434	2,815
岐 阜 県	4,556	4,603	4,799	注1	注1
静 岡 県	注1	注1	注1	注1	注1
愛 知 県	11,836	11,294	11,854	5,240	注1
三 重 県	4,996	注1	注1	注1	注1
滋 賀 県	2,578	2,886	3,159	2,945	注1
京 都 府	6,633	注1	注1	注1	注1
大 阪 府	注2	注2	注2	注2	注2
兵 庫 県	注1	注1	注1	注1	注1
奈 良 県	2,449	2,618	2,735	1,682	注1
和 歌 山 県	1,309	866	注1	927	注1

都道府県 ＼ 年	'17 （平29） (2020年11月30日現在)	'18 （平30） (2021年7月30日現在)	'19 （令1） (2021年9月30日現在)	'20 （令2） (2022年5月31日現在)	'21 （令3） (2022年9月30日現在)
鳥　取　県	873	注1	注1	注1	注1
島　根　県	1,158	1,237	注1	注1	1,017
岡　山　県	1,569	1,443	1,692	1,331	注1
広　島　県	2,305	2,358	2,433	936	603
山　口　県	1,872	1,916	1,647	1,330	1,466
徳　島　県	1,111	1,076	1,140	689	908
香　川　県	1,485	1,566	1,550	1,180	421
愛　媛　県	1,479	1,054	1,405	1,178	1,266
高　知　県	注1	注1	注1	注1	注1
福　岡　県	10,148	9,894	8,954	注1	注1
佐　賀　県	1,849	1,981	1,895	1,189	注1
長　崎　県	1,458	1,417	1,519	注1	注1
熊　本　県	3,209	2,976	2,412	1,798	注1
大　分　県	1,872	2,048	1,959	1,645	1,369
宮　崎　県	1,532	1,558	注1	注1	注1
鹿　児　島　県	注1	1,734	1,646	1,374	注1
沖　縄　県	注1	注1	注1	注1	注1
合　　　計	198,939	126,517	115,743	62,230	29,323

注：1　集計中
　　2　「共通基準」未導入
※　観光入込客数は、実人数であり、観光地点等ごとの重複を除いた数値である。1人の
　　観光入込客が当該都道府県内の複数の観光地点を訪れたとしても1人1回と数える。
資料：国土交通省観光庁「観光入込客統計に関する共通基準」
　　　（日本人観光目的＋日本人ビジネス目的＋訪日外国人）

政令指定都市別観光地入込客統計

(単位：万人)

政令指定都市名	'16 (平28)	'17 (平29)	'18 (平30)	'19 (令1)	'20 (令2)
注1,2 札 幌 市	1,388	1,527	1,585	1,526	571
仙 台 市	2,215	2,200	2,182	2,181	838
さいたま市	2,401	2,496	2,572	2,561	1,353
千 葉 市	2,537	2,545	2,573	2,595	1,221
横 浜 市	4,602	5,143	4,686	5,582	1,932
川 崎 市	1,549	1,998	2,061	2,016	1,433
相 模 原 市	1,259	1,258	1,156	1,164	517
新 潟 市	1,861	1,862	1,955	1,865	1,082
注1 静 岡 市	2,489	2,457	2,470	2,363	1,086
注1 浜 松 市	1,962	2,136	1,881	1,944	994
注3 名 古 屋 市	4,727	4,728	4,729	4,999	2,211
京 都 市	5,522	5,362	5,275	5,352	－
大 阪 市	－	－	－	－	－
堺 市	－	－	－	－	－
神 戸 市	3,500	3,933	3,538	3,542	1,563
岡 山 市	830	763	683	758	305
広 島 市	1,261	1,341	1,336	1,427	855
注4 福 岡 市	2,050	2,134	2,141	2,148	1,126
北 九 州 市	2,543	2,532	2,319	2,421	1,014
熊 本 市	460	502	495	601	245

注：1 年度集計
　　2 平成29年度に入込客数算出に必要な観光客率を更新
　　3 平成29年より統計手法変更および暦年集計に変更（それ以前は年度集計）
　　4 令和2年より入込客数算出に必要な宿泊観光客の推計方法を変更
※ 各自治体によって統計手法等が異なるため、自治体間で単純に比較すること
　　はできない
資料：各自治体

2020年（令和2年）の旅行消費額の概況

・旅行消費額は 12.0 兆円で、そのうち日本人国内宿泊旅行が 8.2 兆円、日本人国内日帰り旅行が 2.2 兆円、日本人海外旅行（国内分）が 0.4 兆円、訪日外国人旅行が 1.2 兆円。

国際基準による国内の旅行消費額の内訳（2020年）

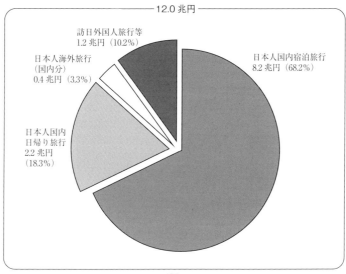

――――12.0 兆円――――

訪日外国人旅行等
1.2 兆円（10.2%）

日本人海外旅行
（国内分）
0.4 兆円（3.3%）

日本人国内宿泊旅行
8.2 兆円（68.2%）

日本人国内
日帰り旅行
2.2 兆円
（18.3%）

我が国経済への貢献度
（経済波及効果）

生産波及効果	22.3 兆円…2.3%	（対国民経済計算 2020 年産出額）
付加価値効果	11.6 兆円…2.1%	（対 2020 年名目 GDP）
雇用効果	185 万人 …2.7%	（対 2020 年全国就業者数）

注：1　（円グラフ部分）観光庁「旅行・観光消費動向調査」、財務省・日本銀行「国際収支統計（確報）」
　　　　により観光庁作成。
　　2　（円グラフ部分）UNWTO（国連世界観光機関）が提唱する国際基準に基づき算出された「旅
　　　　行観光サテライト勘定（TSA）」に基づいて算出。
　　3　（経済波及効果部分）資料：観光庁「旅行・観光産業の経済効果に関する調査研究」
資料：国土交通省観光庁「観光白書」令和4年版

国民の宿泊観光旅行の実態

国民の宿泊観光旅行

	'16（平28）	'17（平29）	'18（平30）	'19（令1）	'20（令2）
年間延べ参加者数 万人	14,926	11,634	14,817	14,486	7,469
年間総費用 億円	76,113	58,751	81,173	78,526	34,589
1人当たり年間 実施回数 回	1.36	1.06	1.35	1.32	0.68
参加者1人当たり 実施回数 回	2.56	2.16	2.69	2.78	2.33
旅行参加率 ％	53.2	49.0	50.1	47.4	29.2
参加者1人1回当たり費用 円	50,920	50,580	54,880	54,300	46,320
（参考）推定人口 万人	10,975	10,975	10,975	10,975	10,975

注：観光旅行のみ
資料：（公社）日本観光振興協会「観光の実態と志向（第40回）」'21（令3）年9月

観光の実態と志向（第40回）のポイント

＜宿泊観光旅行の調査結果について（15歳以上）＞

1. 参加率は29.2%。参加回数は全体で0.68回。参加者平均で2.33回。

2. 平均宿泊数は1.50泊。

3. 全宿泊観光旅行の費用総額の平均は46,320円。

4. 同行者は「家族」が過半数となっており、「自分ひとり」も2割近くを占めている。

5. 旅行の目的地を決定する際に参考にするものは「ガイドブック」が最も多い。

宿泊観光旅行の参加率・参加回数

[15歳以上]

		'16（平28）	'17（平29）	'18（平30）	'19（令1）	'20（令2）
参加率	希望（%）	75.9	77.4	70.8	61.1	54.3
	実績（%）	53.2	49.0	50.1	47.4	29.2
回数	希望（回）	2.33	2.23	2.38	2.26	2.35
	実績（回）	1.36	1.06	1.35	1.32	0.68

資料：（公社）日本観光振興協会「観光の実態と志向（第40回）」'21（令3）年9月

宿泊観光旅行の参加率（都市規模別）

（単位：%）

	'16（平28）	'17（平29）	'18（平30）	'19（令1）	'20（令2）
全　　国	53.2	49.0	50.1	47.4	29.2
大 都 市	55.1	51.5	52.8	50.1	31.6
中 都 市	52.8	48.6	49.5	47.6	28.9
小 都 市	52.1	47.4	47.5	43.4	27.0
町　　村	49.7	44.3	47.2	43.7	24.6

資料：（公社）日本観光振興協会「観光の実態と志向（第40回）」'21（令3）年9月

宿泊観光旅行の希望する旅行季節

（単位：%）

	春	夏	秋	冬	時期はわからない
'12（平24）	20.5	16.4	35.1	9.7	18.2
'13（平25）	19.3	11.0	38.3	7.3	24.2
'14（平26）	21.5	11.5	36.9	6.9	23.2
'15（平27）	20.7	16.8	30.3	10.5	21.7
'16（平28）	22.5	16.8	30.4	9.0	21.3
'17（平29）	22.5	15.1	29.9	9.2	23.2
'18（平30）	20.2	16.4	32.7	9.3	21.4
'19（令1）	19.0	18.0	31.1	8.8	23.1
'20（令2）	12.8	26.9	32.0	5.8	22.5

資料：（公社）日本観光振興協会「観光の実態と志向（第40回）」'21（令3）年9月

宿泊観光旅行の実施月

（単位：％）

時期	4月	5月	6月	7月	8月	9月	10月	11月	12月	1月	2月	3月
実施率	7.6	4.0	3.9	7.1	10.2	9.4	14.0	13.9	10.7	4.8	4.9	9.7

資料：（公社）日本観光振興協会「観光の実態と志向（第40回）」'21（令3）年9月

宿泊観光旅行費用の希望と実績

（単位：円　15歳以上）

	実績費用 （1人1回当たり） A	希望費用 （1人1回当たり） B	差 （1人1回当たり） B-A
'12（平24）	48,730	－	－
'13（平25）	48,160	35,190	▲ 12,970
'14（平26）	51,180	36,870	▲ 14,310
'15（平27）	51,980	46,550	▲ 5,430
'16（平28）	50,920	45,810	▲ 5,110
'17（平29）	50,580	45,200	▲ 5,380
'18（平30）	54,880	48,720	▲ 6,160
'19（令1）	54,300	45,670	▲ 8,630
'20（令2）	46,320	44,710	▲ 1,610

注：差（希望費用 − 実績費用の差）が負の値の場合、希望費用が実績費用より低額であることを示している。
　　希望費用については、平成24年度調査のみ聴取手法を変更しているためデータの比較が難しく、掲載していない。
資料：（公社）日本観光振興協会「観光の実態と志向（第40回）」'21（令3）年9月

宿泊観光旅行の費用と内訳

（単位：円　15歳以上）

	'15（平27）	'16（平28）	'17（平29）	'18（平30）	'19（令1）	'20（令2）
総費用	51,980	50,920	50,580	54,880	54,300	46,320
宿泊費	19,220	19,770	18,900	20,950	23,080	21,900
交通費	15,120	14,540	13,500	15,540	15,330	11,070
その他	14,670	14,520	14,270	16,340	18,530	15,720

注：1　費用内訳は、団体旅行等の内訳を含んでいないため、総費用とは一致しない。
　　2　その他は、観光行動費、土産代、食事代を含む。
資料：（公社）日本観光振興協会「観光の実態と志向（第40回）」'21（令3）年9月

宿泊観光旅行の回数、平均宿泊数（1回あたり）、年間宿泊数

		'16（平28）	'17（平29）	'18（平30）	'19（令1）	'20（令2）
回数	全体(A)	1.36	1.06	1.35	1.32	0.68
（単位：回）	参 加 者	2.56	2.16	2.69	2.78	2.33
平均宿泊数 （単位：泊）	(B)	1.59	1.67	1.70	1.69	1.50
年間宿泊数 （単位：泊）	(A×B)	2.16	1.77	2.30	2.23	1.02

資料：(公社)日本観光振興協会「観光の実態と志向（第40回）」'21（令3）年9月

宿泊観光旅行の同行者

（単位：%）

	'16（平28）	'17（平29）	'18（平30）	'19（令1）	'20（令2）
家　　　　　族	56.0	57.2	56.4	55.2	57.3
友 人 ・ 知 人	21.3	22.0	19.9	20.6	18.9
家族と友人・知人	3.7	3.4	2.9	3.3	3.2
職場・学校の団体	1.6	1.7	1.6	1.4	0.8
自 分 ひ と り	13.4	12.0	16.1	16.5	17.1
地域・宗教・招待などの団体	0.6	0.5	0.5	0.4	0.2

資料：(公社)日本観光振興協会「観光の実態と志向（第40回）」'21（令3）年9月

宿泊観光旅行の同行者の人数

（単位：%）

	'16（平28）	'17（平29）	'18（平30）	'19（令1）	'20（令2）
1 人	14.2	12.7	16.9	16.9	18.0
2 〜 3 人	58.4	58.2	59.4	58.0	62.0
4 〜 5 人	16.4	18.0	14.8	16.9	14.6
6 〜 10 人	6.9	7.2	5.8	5.3	3.7
11 〜 14 人	0.8	1.0	0.8	0.5	0.3
15 〜 30 人	2.0	1.8	1.5	1.1	0.5
31 〜 50 人	0.5	0.3	0.4	0.3	0.1
51 人以上	0.2	0.4	0.1	0.3	0.1
不　　　明	0.6	0.5	0.3	0.6	0.7

資料：(公社)日本観光振興協会「観光の実態と志向（第40回）」'21（令3）年9月

宿泊観光旅行先での行動

注：複数回答（単位：%）

	'20（令2）
自然の風景をみる	54.5
温泉浴	44.1
名所・旧跡をみる	31.4
特産品の買物・飲食	19.4
神仏詣	14.2
動・植物園・水族館・美術館・郷土資料館の見物	11.5
ドライブ	11.5
季節の花見	10.2
レジャーランド・テーマパーク	8.8
都会見物	7.8
演劇・音楽・スポーツなどの鑑賞・見物	6.7
ハイキング	4.4
祭りや行事をみる	4.3
写生・写真・植物採集など	3.6
博覧会・イベントの見物	3.1
つり	2.7
キャンプ・オートキャンプ	2.6
登山	2.5
潮干狩り・いちご・ぶどう・なし・みかん狩りなど	2.3
海水浴	2.2
ゴルフ	1.9
スキー	1.7
水泳（湖・プール）	1.6
サイクリング	1.5
ヨット・モーターボート・ダイビング・サーフィン・ウィンドサーフィン・カヌーなど	1.4
民工芸品つくり	1.1
その他のスポーツ	1.1
スノーボード	0.9
テニス	0.9
その他	2.9

資料：（公社）日本観光振興協会「観光の実態と志向（第40回）」'21（令3）年9月

宿泊観光旅行の利用交通機関

注：複数回答（単位：%）

	'16（平28）	'17（平29）	'18（平30）	'19（令1）	'20（令2）
自 家 用 車	45.5	45.8	42.3	44.7	54.9
鉄 道	41.9	45.2	45.1	55.7	44.4
バ ス	16.9	17.8	16.8	20.6	16.0
飛 行 機	13.3	13.5	16.5	16.0	10.7
レ ン タ カ ー	6.6	6.6	7.0	10.0	8.3
タクシー・ハイヤー	2.6	2.9	3.4	5.4	3.6
船 舶	2.1	2.1	2.1	2.6	2.4
そ の 他	1.8	2.1	1.8	1.5	0.9

資料：（公社）日本観光振興協会「観光の実態と志向（第40回）」'21（令3）年9月

宿泊観光旅行の利用宿泊施設

注：複数回答（単位：%）

	'16（平28）	'17（平29）	'18（平30）	'19（令1）	'20（令2）
ホテル・ビジネスホテル	60.2	61.0	63.0	65.7	62.2
旅 館 （ 和 式 ）	24.8	23.4	22.3	22.1	26.4
知 人 ・ 親 せ き 宅	4.9	5.2	5.6	4.7	2.4
車 ・ 船 中 泊	2.4	2.6	2.6	2.4	2.2
民 宿	1.8	0.3	1.8	1.5	1.7
国民宿舎等公的施設	2.0	2.1	1.6	1.7	1.5
ペ ン シ ョ ン	1.3	1.4	1.4	1.4	1.4
別 荘 ・ 貸 別 荘	1.4	1.3	1.3	1.6	1.2
山 小 屋 ・ キ ャ ン プ 場	1.0	1.1	0.8	1.4	1.2
オ ー ト キ ャ ン プ	0.8	0.7	0.7	1.0	0.9
ユ ー ス ホ ス テ ル	0.8	0.6	1.1	1.2	0.9
会社・官公庁の寮・保養所	1.3	1.4	1.0	1.2	0.7
民 泊	0.3	0.3	0.6	0.7	0.5

資料：（公社）日本観光振興協会「観光の実態と志向（第40回）」'21（令3）年9月

宿泊観光旅行を実施しなかった理由

注：複数回答（単位：%）

	'16(平28)	'17(平29)	'18(平30)	'19(令1)	'20(令2)
新型コロナウイルス感染症の影響で外出自粛	－	－	－	－	69.4
経済的余裕がない	39.8	39.9	39.1	37.4	26.0
時間的余裕がない	37.8	38.7	34.1	29.4	15.3
家を離れられない事情	15.5	16.5	14.5	12.6	6.8
なんとなく旅行をしないまま過ぎた	17.5	19.0	16.4	20.0	6.3
行きたいところがない	8.6	7.6	9.5	10.4	6.2
健康上の理由	10.3	11.7	10.1	9.1	5.1
旅行は嫌い	5.9	4.6	8.0	8.0	4.7
一緒に行く人がいない	8.5	8.3	7.2	7.7	4.1
他にやりたいことがある	6.5	6.3	6.5	6.3	3.3
計画や準備が面倒	5.0	4.9	6.0	4.9	3.1
兼旅行をしたから	6.6	7.5	5.2	4.1	1.2
海外旅行をしたい	3.5	3.0	3.4	2.9	0.9
その他	2.6	2.5	2.8	5.1	0.5

資料：(公社)日本観光振興協会「観光の実態と志向（第40回）」'21（令3）年9月

宿泊観光旅行の目的地を決定する際に参考とするもの

注：複数回答（単位：%）

	'16(平28)	'17(平29)	'18(平30)	'19(令1)	'20(令2)
インターネット	57.5	67.7	64.7	68.8	68.9
ガイドブック	42.1	43.2	39.4	40.1	40.2
家族・友人の話	30.3	34.6	29.2	30.1	29.9
パンフレット	30.7	32.2	25.8	26.5	25.3
旅行専門雑誌	22.2	21.2	21.0	22.4	21.6
テレビ・ラジオの番組	19.2	19.6	18.7	21.9	21.1
観光案内所・情報センター	14.6	13.4	12.2	13.2	13.6
旅行業者	12.6	12.9	11.1	11.7	11.0
新聞・雑誌の記事	13.7	12.8	10.6	11.5	10.3
旅行・歴史等に関する本、小説	9.8	8.2	8.1	8.0	8.8
新聞・雑誌の広告・チラシ	13.5	12.4	9.7	10.3	8.2
テレビ・ラジオのCM	4.7	5.2	5.2	6.9	6.2
駅・車内のポスター	6.7	6.5	4.7	5.3	5.1
観光物産展	5.1	5.0	4.4	4.8	4.8
コンビニエンスストアの端末	0.5	0.4	0.5	0.9	0.8
携帯電話・スマートフォン	13.0	－	－	－	－

資料：(公社)日本観光振興協会「観光の実態と志向（第40回）」'21（令3）年9月

宿泊観光旅行の参加率（種類別）

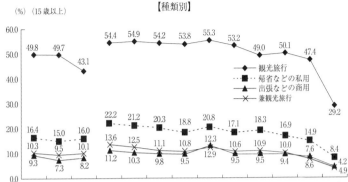

（%）（15歳以上）

【種類別】

資料：（公社）日本観光振興協会「観光の実態と志向（第40回）」'21（令3）年9月

＊「観光の実態と志向」調査は、平成23年度より、これまでの訪問留置調査からインターネット調査へと調査手法を変更したため、平成22年度までのデータと平成23年度以降のデータとでは単純な比較ができない。（以下、同様）

宿泊観光旅行の参加率（性別）

（%）（15歳以上）

【性別】

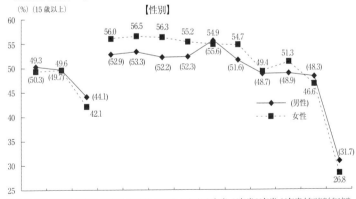

資料：（公社）日本観光振興協会「観光の実態と志向（第40回）」'21（令3）年9月

宿泊観光旅行の同行者

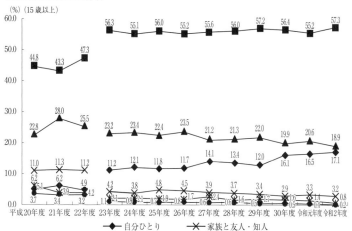

(%) (15歳以上)

凡例:
- ◆ 自分ひとり
- ✕ 家族と友人・知人
- ■ 家族
- ✳ 職場・学校の団体
- ▲ 友人・知人
- ● 地域・宗教・招待などの団体

資料:(公社)日本観光振興会「観光の実態と志向(第40回)」'21(令3)年9月

宿泊観光旅行の費用

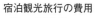

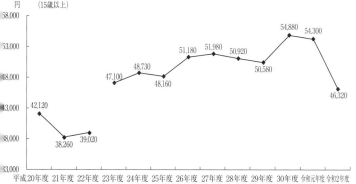

資料:(公社)日本観光振興会「観光の実態と志向(第40回)」'21(令3)年9月

修学旅行の実施率の推移（海外も含む）（中学校）

（単位：％）

年度＼設置者	国立	公立	私立	全体
平成 26 年度	94.7	98.6	92.2	97.3
平成 27 年度	93.8	99.2	95.8	98.5
平成 28 年度	100.0	99.6	95.8	98.9
平成 29 年度	95.0	98.5	92.5	97.4
平成 30 年度	100.0	99.6	93.6	98.6
令和 元 年度	89.5	97.5	79.6	93.9
令和 2 年度	37.5	54.8	20.8	47.8

資料：（公財）日本修学旅行協会「データブック 2021 教育旅行年報」

修学旅行の地域別旅行先一覧表

令和 2 年度

旅行先＼出発地	北海道	東北	関東	中部	近畿	中国	四国	九州	沖縄	総件数
北海道	30	8	0	0	0	2	1	0	0	41
東　北	4	52	18	6	0	0	0	0	0	80
関　東	0	21	45	15	58	0	2	4	0	145
中　部	1	3	5	151	49	9	6	7	0	231
近　畿	1	1	1	53	41	7	12	14	3	133
中　国	0	0	0	0	0	9	0	4	0	13
四　国	0	0	0	0	1	13	19	0	0	33
九　州	0	3	0	0	16	8	0	65	1	93
沖　縄	0	0	0	0	0	0	0	3	4	7
合　計	36	88	69	225	165	50	38	97	8	776
見学地トップ3	1. 函館山2. 五稜郭3. 大沼国定公園	1. 中尊寺2. 松島3. 小岩井農場	1. 那須ハイランドパーク2. 日光東照宮3. 東京ディズニーリゾート	1. 富士急ハイランド（富士山を含む）2. 富士五湖・氷穴・風穴・樹海）3. ナガシマスパーランド	1. 奈良公園（東大寺を含む）2. 清水寺3. 法隆寺	1. 広島平和記念公園（原爆資料館等を含む）2. 宮島・厳島神社3. 出雲大社	1. 四国水族館2. 大塚国際美術館3. 金刀比羅宮	1. 長崎平和公園（原爆資料館等を含む）2. ハウステンボス3. グリーンランド	1. 沖縄平和祈念公園（平和の礎等を含む）2. 壕（糸数壕・アブチラガマ）3. 美ら海水族館	

＊カウント方法は、滞在時間、回数に関係なく同一県に滞在した場合は「1」とした。
＊1校が複数の都道府県にまたがって旅行した場合も、それぞれカウントした。
資料：（公財）日本修学旅行協会「データブック 2021 教育旅行年報」
　　　全国の国公立並びに私立中学校を含む 10,142 校に対し、3,056 校を抽出し調査を実施。
　　　1,046 校から回答があり、抽出校数に対する回答率は 34.2% である。

海外教育旅行の実態とまとめ

平成27（2015）年度〜令和元（2019）年度の推移

	年度		全体		中学		高校	
			件数	人員	件数	人員	件数	人員
海外教育旅行全体	H27	2015	806	56,276	114	4,820	692	51,456
	H28	2016	788	53,257	139	6,186	649	47,071
	H29	2017	854	53,541	130	4,967	724	48,574
	H30	2018	929	62,373	130	5,021	799	57,352
	R 1	2019	880	63,998	109	5,113	771	58,885
海外修学旅行	H27	2015	314	44,033	31	1,642	283	42,391
	H28	2016	293	40,880	33	2,668	260	38,212
	H29	2017	294	40,460	29	1,656	265	38,804
	H30	2018	365	48,351	33	1,710	332	46,641
	R 1	2019	373	52,647	39	2,862	334	49,785

資料：（公財）日本修学旅行協会「データブック2020　教育旅行年報」

海外修学旅行件数及び人員の推移

年度		件数	人員		年度		件数	人員
1989	平成元	203	56,309		2005	17	1,132	155,023
1990	2	181	54,485		2006	18	1,191	156,579
1991	3	300	72,290		2007	19	1,396	175,455
1992	4	303	73,550		2008	20	1,325	166,345
1993	5	430	91,420		2009	21	859	108,508
1994	6	518	106,763		2010	22	921	107,624
1995	7	616	124,493		2011	23	857	106,905
1996	8	783	139,460					
1997	9	840	140,628		2012	24	314	43,585
1998	10	992	152,972		2013	25	270	39,528
1999	11	1,069	169,832		2014	26	299	39,555
2000	12	1,163	187,673		2015	27	314	44,033
2001	13	599	83,964		2016	28	293	40,880
2002	14	1,111	173,466		2017	29	294	40,460
2003	15	536	73,746		2018	30	365	48,351
2004	16	1,066	149,086		2019	令和元	373	52,647

＊平成24（2012）年度以降は調査方法が異なるための、平成23（2011）年度までと単純比較はできない。
資料：（公財）日本修学旅行協会「データブック2020　教育旅行年報」

海外修学旅行の推移

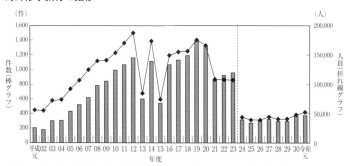

＊平成24（2012）年度以降は調査方法が異なるための、平成23（2011）年度までと単純比較はできない。
資料：（公財）日本修学旅行協会「データブック2020　教育旅行年報」

2. 観光資源

世界遺産

　「世界遺産」は、1972 年に採択され、我が国において 1992 年に締結した「世界の文化遺産及び自然遺産の保護に関する条約（世界遺産条約）」に基づいて世界遺産リストに登録された遺跡や景観、自然などの物件で、日本では 2021 年 7 月現在 25 件（文化遺産 20 件、自然遺産 5 件）の物件が世界遺産に登録されています。

我が国の世界遺産リストの登録

登録年	登録遺産
'93（平 5）	法隆寺地域の仏教建造物、姫路城、屋久島、白神山地
'94（平 6）	古都京都の文化財
'95（平 7）	白川郷・五箇山の合掌造り集落
'96（平 8）	原爆ドーム、厳島神社
'98（平 10）	古都奈良の文化財
'99（平 11）	日光の社寺
'00（平 12）	琉球王国のグスク及び関連遺産群
'04（平 16）	紀伊山地の霊場と参詣道
'05（平 17）	知床
'07（平 19）	石見銀山遺跡とその文化的景観
'11（平 23）	小笠原諸島
	平泉－仏国土（浄土）を表す建築・庭園及び考古学的遺跡群
'13（平 25）	富士山－信仰の対象と芸術の源泉
'14（平 26）	富岡製糸場と絹産業遺産群
'15（平 27）	明治日本の産業革命遺産　製鉄・製鋼、造船、石炭産業
'16（平 28）	国立西洋美術館本館
'17（平 29）	「神宿る島」宗像・沖ノ島と関連遺産群
'18（平 30）	長崎と天草地方の潜伏キリシタン関連遺産
'19（令 1）	百舌鳥・古市古墳群
'21（令 3）	奄美大島、徳之島、沖縄島北部及び西表島
	北海道・北東北の縄文遺跡群

注：国立西洋美術館本館は、7 か国（日本、フランス、アルゼンチン、ベルギー、ドイツ、インド、スイス）にまたがる「ル・コルビュジエの建築作品－近代建築運動への顕著な貢献－」の構成資産の一つ。
資料：外務省ホームページ「我が国の世界遺産一覧表記載物件」

自然公園

区　　分	公園数	公園面積（ha）	公園面積／国土面積（％）
国 立 公 園	34	2,195,638	5.81
国 定 公 園	58	1,494,468	3.95
都道府県立自然公園	310	1,912,806	5.06
計	402	5,602,912	14.82

注：国土面積は、37,797,464 ha（令和 3 年全国都道府県市区町村別面積調（国土地理院）による
資料：環境省自然環境局　　　　　　　　　　　　　　　　　　　　'22（令 4）年 3 月 31 日現在

国立公園及び国定公園の指定別面積

区　分	公園面積（ha）	特 別 地 域（ha）			比率（％）	普通地域（ha）	比率（％）
		特別保護地区（ha）	比率（％）				
国立公園	2,195,638	292,215	13.3	1,619,851	73.8	575,788	26.2
国定公園	1,494,468	66,168	4.4	1,359,590	91.0	134,878	9.0

資料：環境省自然環境局　　　　　　　　　　　　　　　　　　　　'22（令 4）年 3 月 31 日現在

国立公園及び国定公園の利用者数の推移

（単位：万人）

	'13（平 25）	'14（平 26）	'15（平 27）	'16（平 28）	'17（平 29）	'18（平 30）	'19（令 1）
国立公園	35,496	35,218	36,162	35,916	36,747	37,151	36,915
国定公園	27,863	27,773	28,899	29,039	29,232	28,811	28,758

資料：環境省自然環境局

国立公園の現況

国立公園名	指　定 年　月	面積 （海域を除く） （ha）	関　係 都道府県	'19（令1） 年利用者数 （千人）
利尻礼文サロベツ	'74（昭49）. 9	24,512	北海道	566
知　　　床	'64（昭39）. 6	38,954	北海道	1,773
阿 寒 摩 周	'34（昭 9）.12	91,413	北海道	3,419
釧 路 湿 原	'87（昭62）. 7	28,788	北海道	496
大 　雪 　山	'34（昭 9）.12	226,764	北海道	5,475
支 笏 洞 爺	'49（昭24）. 5	99,473	北海道	10,514
十 和 田 八 幡 平	'36（昭11）. 2	85,534	青森、秋田、岩手	4,703
三 陸 復 興	'55（昭30）. 5	28,539	青森、岩手、宮城	4,101
磐 梯 朝 日	'50（昭25）. 9	186,375	山形、福島、新潟	6,265
日 　　　光	'34（昭 9）.12	114,908	福島、栃木、群馬	16,069
尾 　　　瀬	'07（昭19）. 8	37,222	福島、栃木、群馬、新潟	281
上 信 越 高 原	'49（昭24）. 9	148,194	群馬、新潟、長野	23,720
秩 父 多 摩 甲 斐	'50（昭25）. 7	126,259	埼玉、東京、山梨、長野	13,393
小 　笠 　原	'72（昭47）.10	6,629	東京	26
富 士 箱 根 伊 豆	'36（昭11）. 2	121,749	東京、神奈川、山梨、静岡	132,520
中 部 山 岳	'34（昭 9）.12	174,323	新潟、富山、長野、岐阜	8,455
妙 高 戸 隠 連 山	'15（平27）. 3	39,772	新潟、長野	5,012
白 　　　山	'62（昭37）.11	49,900	富山、石川、福井、岐阜	669
南 ア ル プ ス	'64（昭39）. 6	35,752	山梨、長野、静岡	1,870
伊 勢 志 摩	'46（昭21）.11	55,544	三重	7,856
吉 野 熊 野	'36（昭11）. 2	61,406	三重、奈良、和歌山	14,093
山 陰 海 岸	'63（昭38）. 7	8,783	京都、兵庫、鳥取	6,470
瀬 戸 内 海	'34（昭 9）. 3	67,308	大阪、兵庫、和歌山、岡山、 広島、山口、徳島、香川、 愛媛、福岡、大分	44,535
大 山 隠 岐	'36（昭11）. 2	35,353	鳥取、島根、岡山	12,718
足 摺 宇 和 海	'72（昭47）.11	11,345	愛媛、高知	1,376
西 　　　海	'55（昭30）. 3	24,646	長崎	4,820
雲 仙 天 草	'34（昭 9）. 3	28,279	長崎、熊本、鹿児島	5,699
阿 蘇 く じ ゅ う	'34（昭 9）.12	73,017	熊本、大分	16,057
霧 島 錦 江 湾	'34（昭 9）. 3	36,605	宮崎、鹿児島	11,721
屋 　久 　島	'12（平24）. 3	24,566	鹿児島	150
奄 美 群 島	'17（平29）. 3	42,196	鹿児島	564
や ん ば る	'16（平28）. 9	17,352	沖縄	1,028
慶 良 間 諸 島	'12（平24）. 3	3,520	沖縄県	234
西 表 石 垣	'72（昭47）. 5	40,658	沖縄県	2,498
計	総面積	2,195,638	34 国立公園	369,146

資料：環境省自然環境局　　　　　　　　　　　　　　'22（令4）年3月31日現在

国定公園の現況

国定公園名	指定 年　月	面積 （海域を除く） (ha)	関　係 都道府県	'19（令1） 年利用者数 （千人）
暑寒別天売焼尻	'90（平 2）. 8	43,559	北海道	149
網　　　　走	'58（昭33）. 7	37,261	北海道	1,625
ニセコ積丹小樽海岸	'63（昭38）. 7	19,009	北海道	4,922
厚岸霧多布昆布森	'21（令 3）. 3	32,566	北海道	－
日 高 山 脈 襟 裳	'81（昭56）.10	103,447	北海道	358
大　　　　沼	'58（昭33）. 7	9,083	北海道	992
下 北 半 島	'68（昭43）. 7	18,641	青森	677
津　　　　軽	'75（昭50）. 3	25,966	青森	2,056
早 池 峰	'82（昭57）. 6	5,463	岩手	62
栗　　　　駒	'68（昭43）. 7	77,303	岩手、宮城、秋田、山形	734
蔵　　　　王	'63（昭38）. 8	39,635	宮城、山形	4,074
男　　　　鹿	'73（昭48）. 5	8,156	秋田	1,732
鳥　　　　海	'63（昭38）. 7	28,955	秋田、山形	1,892
越 後 三 山 只 見	'73（昭48）. 5	102,700	福島、新潟	403
水 郷 筑 波	'59（昭34）. 3	34,956	茨城、千葉	15,997
妙義荒船佐久高原	'69（昭44）. 4	13,123	群馬、長野	1,086
南 房 総	'58（昭33）. 8	5,690	千葉	10,194
明治の森高尾	'67（昭42）.12	777	東京	1,717
丹 沢 大 山	'65（昭40）. 3	27,572	神奈川	2,804
佐 渡 弥 彦 米 山	'50（昭25）. 7	29,464	新潟	6,001
能 登 半 島	'68（昭43）. 5	9,672	富山、石川	4,955
越 前 加 賀 海 岸	'68（昭43）. 5	9,794	石川、福井	5,434
若 狭 湾	'55（昭30）. 6	19,197	福井、京都	11,907
八ヶ岳中信高原	'64（昭39）. 6	39,857	長野、山梨	17,191
中 央 ア ル プ ス	'20（令 2）. 3	35,116	長野	－
天 竜 奥 三 河	'69（昭44）. 1	25,720	長野、静岡、愛知	5,196
揖斐関ヶ原養老	'70（昭45）.12	20,219	岐阜	1,573
飛 騨 木 曽 川	'64（昭39）. 3	18,074	岐阜、愛知	7,141
愛 知 高 原	'70（昭45）.12	21,740	愛知	3,694
三 河 湾	'58（昭33）. 4	9,457	愛知	8,419
鈴　　　　鹿	'68（昭43）. 7	29,821	三重、滋賀	4,389

国定公園名	指定 年 月	面積 (海域を除く) (ha)	関 係 都道府県	'19 (令1) 年利用者数 (千人)
室生赤目青山	'70 (昭 45). 12	26,308	三重、奈良	1,377
琵 琶 湖	'50 (昭 25). 7	97,601	滋賀、京都	36,905
丹後天橋立大江山	'07 (平 19). 8	19,023	京都	4,827
京都丹波高原	'16 (平 28). 3	69,158	京都	1,280
明治の森箕面	'67 (昭 42). 12	963	大阪	1,523
金剛生駒紀泉	'58 (昭 33). 4	23,119	大阪、奈良、和歌山	15,534
氷ノ山後山那岐山	'69 (昭 44). 4	48,803	兵庫、岡山、鳥取	3,226
大 和 青 垣	'70 (昭 45). 12	5,742	奈良	7,261
高 野 龍 神	'67 (昭 42). 3	19,198	奈良、和歌山	2,591
比婆道後帝釈	'63 (昭 38). 7	8,416	鳥取、島根、広島	560
西 中 国 山 地	'69 (昭 44). 1	28,553	島根、広島、山口	521
北 長 門 海 岸	'55 (昭 30). 11	12,384	山口	2,762
秋 吉 台	'55 (昭 30). 11	4,502	山口	932
剣 山	'64 (昭 39). 3	20,961	徳島、高知	1,767
室戸阿南海岸	'64 (昭 39). 6	6,230	徳島、高知	1,513
石 鎚	'55 (昭 30). 11	10,683	愛媛、高知	866
北 九 州	'72 (昭 47). 10	8,107	福岡	5,905
玄 海	'56 (昭 31). 6	10,152	福岡、佐賀、長崎	28,965
耶馬日田英彦山	'50 (昭 25). 7	85,024	福岡、熊本、大分	8,695
壱 岐 対 馬	'68 (昭 43). 7	11,946	長崎	2,275
九州中央山地	'82 (昭 57). 5	27,096	熊本、宮崎	365
日 豊 海 岸	'74 (昭 49). 2	8,518	大分、宮崎	2,838
祖 母 傾	'65 (昭 40). 3	22,000	大分、宮崎	1,494
日 南 海 岸	'55 (昭 30). 6	4,542	宮崎、鹿児島	3,932
甑 島	'15 (平 27). 3	5,447	鹿児島	36
沖 縄 海 岸	'72 (昭 47). 5	4,872	沖縄	11,418
沖 縄 戦 跡	'72 (昭 47). 5	3,127	沖縄	10,840
計	58 国定公園	1,494,468		287,582

資料：環境省自然環境局　　　　　　　　　　　　　　'22 (令 4) 年 3 月 31 日現在

国立公園内海域公園地区

公園名	海域公園地区名	位置	指定年月	箇所数	面積(ha)
利尻礼文サロベツ	礼文島西海岸	北海道礼文郡礼文町の地先海面	'21 (令3). 10	1	3,200.0
	利尻島ポンモシリ	北海道利尻郡利尻富士町鷲泊の地先海面	'21 (令3). 10	1	156.0
三陸復興	気仙	宮城県気仙沼市	'71 (昭46). 1	3	23.4
	山田湾	岩手県下閉伊郡山田町	'18 (平30). 3	1	839.0
	南三陸町沿岸	宮城県本吉郡南三陸町	'18 (平30). 3	1	5,793.0
小笠原	瓢箪島	東京都小笠原村	'09 (平21).11	1	24.0
	人丸島	東京都小笠原村	〃	1	16.7
	兄島	東京都小笠原村	〃	1	26.9
	父島宮之浜・釣浜	東京都小笠原村	〃	1	38.9
	父島製氷海岸	東京都小笠原村	〃	1	2.9
	父島巽湾(中海岸)	東京都小笠原村	〃	1	2.0
	父島巽湾(鯨崎)	東京都小笠原村	〃	1	6.1
	父島巽湾(西海岸)	東京都小笠原村	〃	1	6.3
	南島	東京都小笠原村	〃	1	245.3
	母島椰子浜	東京都小笠原村	〃	1	85.2
	母島ウエントロ	東京都小笠原村	〃	1	157.1
	母島御幸之浜	東京都小笠原村	〃	1	41.3
	母島東海岸	東京都小笠原村	〃	1	47.5
	平島	東京都小笠原村	〃	1	79.2
富士箱根伊豆	三宅島	東京都三宅村	'94 (平6).11	1	51.6
吉野熊野	本海中公園	和歌山県東牟婁郡串本町	'70 (昭45). 7	4	37.8
	串本海中島	和歌山県東牟婁郡串本町	'06 (平18). 1	1	12.6
	熊野灘二木島	三重県熊野市	'75 (昭50).12	2	14.4
	みなべ	和歌山県日高郡みなべ町	'15 (平27). 9	1	663.8
	ショウガセ	和歌山県日高郡みなべ町	〃	1	28.2
	田辺白浜	和歌山県田辺市及び西牟婁郡白浜町	〃	1	1,676.7
	枯木灘白浜・日置	和歌山県西牟婁郡白浜町	〃	1	1,422.1
	枯木灘すさみ	和歌山県西牟婁郡白浜町及びすさみ町	〃	1	1,072.3
	串本本海	和歌山県東牟婁郡串本町	〃	1	2,683.8
	苗我島	和歌山県東牟婁郡串本町	〃	1	5.9
	熊野灘古座・荒船	和歌山県東牟婁郡串本町及び那智勝浦町	〃	1	1,195.5
	熊野灘浦神・湯川	和歌山県東牟婁郡那智勝浦町	〃	1	259.7
	熊野灘勝浦・太地	和歌山県東牟婁郡那智勝浦町及び太地町	〃	1	1,390.5
	熊野灘王子ヶ浜・三輪崎	和歌山県新宮市	〃	1	600.5
山陰海岸	五色浜	京都府京丹後市	'90 (平2). 4	1	31.3
	豊岡	兵庫県豊岡市	'71 (昭46). 1	1	17.8
	竹野	兵庫県豊岡市	〃	1	18.8
	浜坂	兵庫県美方郡新温泉町	〃	2	37.6
	浦富海岸	鳥取県岩美郡岩美町	〃	1	40.8
	山陰海岸東部	京都府京丹後市 / 兵庫県豊岡市	'14 (平26). 3	1	5,005.8
	山陰海岸中部	兵庫県美方郡香美町 / 兵庫県美方郡新温泉町 / 鳥取県岩美郡岩美町	〃	1	3,872.9
	山陰海岸西部	鳥取県鳥取市 / 鳥取県岩美郡岩美町	〃	1	1,078.4
瀬戸内海	牛ヶ首	山口県大島郡周防大島町	'13 (平25). 2	1	20.3
	地家室	山口県大島郡周防大島町	〃	1	13.0
	伊崎室	山口県大島郡周防大島町	〃	1	13.6
	沖家室	山口県大島郡周防大島町	〃	1	4.5
大山隠岐	島根半島	島根県出雲市	'72 (昭47).10	1	7.0
	浄土ヶ浦	島根県隠岐郡隠岐の島町	'75 (昭50).12	2	20.8
	代	島根県隠岐郡隠岐の島町	〃	1	14.8
	国賀	島根県隠岐郡西ノ島町	〃	1	7.3
	海士	島根県隠岐郡海士町	'97 (平9). 9	1	7.6
足摺宇和海	宇和海	愛媛県南宇和郡愛南町	'72 (昭47).11	9	58.2
	沖ノ島	高知県宿毛市	〃	5	36.3
	竜串	高知県土佐清水市	〃	4	49.1
	樫西	高知県幡多郡大月町	〃	2	16.8
	勤崎	高知県幡多郡大月町	'95 (平7). 8	1	8.3
	尻貝	高知県幡多郡大月町	〃	1	10.4
西海	福江江	長崎県五島市	'72 (昭47).10	1	19.2
	若松	長崎県南松浦郡新上五島町	〃	1	19.2
雲仙天草	富岡	熊本県天草郡苓北町	'70 (昭45). 7	2	16.2
	天草	熊本県天草市	〃	1	5.1
	牛深	熊本県天草市	〃	9	94.4
霧島錦江湾	桜島	鹿児島県鹿児島市	'70 (昭45). 7	2	60.7
	佐多	鹿児島県肝属郡南大隅町	〃	1	11.8
	神瀬島	鹿児島県鹿児島市	'12 (平24). 3	1	83.0
	神造島	鹿児島県霧島市	〃	1	103.6
	若尊鼻	鹿児島県霧島市	〃	1	19.7
	若尊海丘	鹿児島県霧島市	〃	1	170.7
	重富干潟	鹿児島県姶良市	〃	1	38.2

公園名	海域公園地区名	位置	指定年月	箇所数	面積(ha)
屋久島	栗生	鹿児島県熊毛郡屋久島町	'12 (平24). 3	3	114.4
	メガ崎	鹿児島県熊毛郡屋久島町	〃	1	56.5
奄美群島	笠利半島東海岸	鹿児島県奄美市	'17 (平29). 3	1	65.0
	摺子崎	鹿児島県奄美市	〃	1	79.0
	大島海峡	鹿児島県大島郡瀬戸内町	〃	3	69.0
	与論島礁湖	鹿児島県大島郡与論町	〃	1	746.0
	与論海岸	鹿児島県大島郡与論町	〃	1	165.0
慶良間諸島	慶良間諸	沖縄県島尻郡渡嘉敷村 沖縄県島尻郡座間味村	'14 (平26). 3	1	8,290.0
西表石垣	平野	沖縄県石垣市	'12 (平24). 3	1	938.0
	平久保	沖縄県石垣市	'07 (平19). 8	1	176.9
	明石	沖縄県石垣市	'12 (平24). 3	1	861.6
	玉取崎	沖縄県石垣市	〃	1	903.0
	川平石崎	沖縄県石垣市	'07 (平19). 8	1	274.8
	米原ブカピー	沖縄県石垣市	'12 (平24). 3	1	147.4
	米原	沖縄県石垣市	'07 (平19). 8	1	129.7
	御神崎	沖縄県石垣市	'12 (平24). 3	1	291.9
	白保	沖縄県石垣市	'07 (平19). 8	1	311.6
	鳩間島パラス・宇那利崎	沖縄県八重山郡竹富町	'12 (平24). 3	1	1,419.1
	竹富島タキドングチ・石西礁湖・ヨナラ水道	沖縄県八重山郡竹富町	'77 (昭52). 7	1	3,281.9
	西表後良川河口	沖縄県八重山郡竹富町	'12 (平24). 3	1	369.0
	竹富島シモビシ	沖縄県八重山郡竹富町	'77 (昭52). 7	1	221.0
	竹富島南沖礁	沖縄県八重山郡竹富町	'12 (平24). 3	1	424.2
	西表島鹿川中瀬	沖縄県八重山郡竹富町	〃	1	380.6
	西表島仲間	沖縄県八重山郡竹富町	〃	1	193.6
	黒島ウラビシ・キャングチ・仲本海岸	沖縄県八重山郡竹富町	'77 (昭52). 7	1	2,403.2
	新城島マイビシ	沖縄県八重山郡竹富町	〃	1	179.7
	波照間島ヌービ崎沖	沖縄県八重山郡竹富町	'12 (平24). 3	1	1,721.7
	波照間島浜崎沖	沖縄県八重山郡竹富町	〃	1	712.9
	西表島大見謝	沖縄県八重山郡竹富町	'16 (平28). 4	1	103.0
	西表島ユッン	沖縄県八重山郡竹富町	〃	1	87.2
	外離	沖縄県八重山郡竹富町	〃	1	391.0
小　計	(16公園 100地区)			145	58,444.3

'22 (令4) 年 3 月 31 日現在

国定公園内海域公園地区

公園名	海域公園地区名	位置	指定年月	箇所数	面積(ha)
ニセコ積丹小樽海岸	積丹半島	北海道積丹郡積丹町	'72 (昭47).10	3	28.9
	小樽海岸	北海道小樽市	〃	3	14.7
下北半島	仏ヶ浦	青森県下北郡佐井村	'75 (昭50).12	1	5.7
	鯛島	青森県むつ市	〃	1	3.6
南房総	勝浦	千葉県勝浦市	'74 (昭49). 6	1	14.5
佐渡弥彦米山	海府	新潟県佐渡市	'71 (昭46). 1	1	10.0
	外相川	新潟県佐渡市	〃	2	6.0
	小木内海	新潟県佐渡市	〃	1	5.0
能登半島	木ノ浦	石川県珠洲市	'71 (昭46). 1	2	6.3
	内浦	石川県鳳珠郡能登町	〃	3	32.0
越前加賀海岸	加賀海岸	石川県加賀市	'12 (平24). 3	1	613.0
若狭湾	三方海方	福井県三方上中郡若狭町	'71 (昭46). 1	4	30.2
北長門海岸	須佐	山口県萩市	'97 (平9). 9	1	33.0
室戸阿南海岸	阿波大島	徳島県海部郡牟岐町	'71 (昭46). 1	3	15.5
	阿波竹ヶ島海域	徳島県海部郡牟岐町	'72 (昭47).10	2	9.9
玄海	玄ノ海	佐賀県唐津市	'70 (昭45). 7	5	45.5
壱岐対馬	壱岐辰ノ島	長崎県壱岐市	'78 (昭53). 6	1	8.6
	壱岐手長島	長崎県壱岐市	〃	1	9.7
	壱岐妻ヶ島	長崎県壱岐市	〃	1	9.3
	対馬浅茅湾	長崎県対馬市	〃	1	9.5
	対馬神崎	長崎県対馬市	〃	1	10.4
日豊海岸	蒲江	大分県佐伯市	'74 (昭49). 2	4	33.5
	北浦	宮崎県延岡市	'74 (昭49). 2	4	48.7
日南海岸	南郷	宮崎県日南市、串間市、南那珂郡南郷町	'70 (昭45). 7	6	55.9
甑島	上甑島西海岸及び長目の浜	鹿児島県薩摩川内市	'15 (平27). 3	1	1,668.6
	野島・近島等の属島群	鹿児島県薩摩川内市	'15 (平27). 3	1	1,608.8
	鹿島断の海岸	鹿児島県薩摩川内市	'15 (平27). 3	1	917.6
	下甑島西海岸	鹿児島県薩摩川内市	'15 (平27). 3	1	2,564.7
沖縄海岸	沖縄	沖縄県名護市、国頭郡恩納村	'72 (昭47). 5	1	126.0
小　計	(15公園 29地区)			61	7,945.1

資料：環境省自然環境局

'22 (令4) 年 3 月 31 日現在

重要伝統的建造物群保存地区

	市町村・地区名称	種　別	面積（ha）
1	北　海　道	函館市元町末広町	港　　　町	14.5
2	青　　　森	弘前市仲町	武家町	10.6
3	青　　　森	黒石市中町	商家町	3.1
4	岩　　　手	金ケ崎町城内諏訪小路	武家町	34.8
5	宮　　　城	村田町村田	商家町	7.4
6	秋　　　田	横手市増田	在郷町	10.6
7	秋　　　田	仙北市角館	武家町	6.9
8	福　　　島	喜多方市小田付	在郷町・醸造町	15.5
9	福　　　島	下郷町大内宿	宿　　　場　　　町	11.3
10	福　　　島	南会津町前沢	山　村　集　落	13.3
11	茨　　　城	桜川市真壁	在郷町	17.6
12	栃　　　木	栃木市嘉右衛門町	在郷町	9.6
13	群　　　馬	桐生市桐生新町	製　　　織　　　町	13.4
14	群　　　馬	中之条町六合赤岩	山村・養蚕集落	63.0
15	埼　　　玉	川越市川越	商家町	7.8
16	千　　　葉	香取市佐原	商家町	7.1
17	新　　　潟	佐渡市宿根木	港　　　町	28.5
18	富　　　山	高岡市山町筋	商家町	5.5
19	富　　　山	高岡市金屋町	鋳　物　師　町	6.4
20	富　　　山	高岡市吉久	在　　　郷　　　町	4.1
21	富　　　山	南砺市相倉	山　村　集　落	18.0
22	富　　　山	南砺市菅沼	山　村　集　落	4.4
23	石　　　川	金沢市東山ひがし	茶　　　屋　　　町	1.8
24	石　　　川	金沢市卯辰山麓	寺　　　　　　　町	22.1
25	石　　　川	金沢市寺町台	寺　　　　　　　町	22.0
26	石　　　川	輪島市黒島地区	船　　主　　集　　落	20.5
27	石　　　川	加賀市加賀橋立	船　　主　　集　　落	11.0
28	石　　　川	加賀市加賀東谷	山　村　集　落	151.8
29	石　　　川	白山市白峰	山村・養蚕集落	10.7
30	福　　　井	小浜市小浜西組	商家町・茶屋町	19.1
31	福　　　井	南越前町今庄宿	宿　　　場　　　町	9.2
32	福　　　井	若狭町熊川宿	宿　　　場　　　町	10.1
33	山　　　梨	甲州市塩山下小田原上条	山村・養蚕集落	15.1
34	長　　　野	早川町赤沢	山　　　　　　　宿	25.6
35	長　　　野	長野市戸隠	宿坊群・門前町	73.3
36	長　　　野	塩尻市奈良井	宿　　　場　　　町	17.6
37	長　　　野	塩尻市木曾平沢	漆　　　工　　　町	12.5
38	長　　　野	千曲市稲荷山	商　　　家　　　町	13.0
39	長　　　野	東御市海野宿	宿場・養蚕	13.0
40	長　　　野	南木曽町妻籠	宿　　　場　　　町	1,245.4
41	長　　　野	白馬村青鬼	山　村　集　落	59.7
42	岐　　　阜	高山市三町	商家町	4.4
43	岐　　　阜	高山市下二之町大新町	商家町	6.6
44	岐　　　阜	美濃市美濃町	商家町	9.3
45	岐　　　阜	恵那市岩村町本通り	商家町	14.6
46	岐　　　阜	郡上市郡上八幡北町	城　　　下　　　町	14.1
47	岐　　　阜	白川村荻町	山　村　集　落	45.6
48	静　　　岡	焼津市花沢	山　村　集　落	19.5
49	愛　　　知	名古屋市有松	染　　　織　　　町	7.3
50	愛　　　知	豊田市足助	商家町	21.5
51	三　　　重	亀山市関宿	宿　　　場　　　町	25.0
52	滋　　　賀	大津市坂本	里坊群・門前町	28.7
53	滋　　　賀	彦根市河原町芹町地区	商家町	5.0
54	滋　　　賀	近江八幡市八幡	商家町	13.1
55	滋　　　賀	東近江市五個荘金堂	農　村　集　落	32.2
56	京　　　都	京都市上賀茂	社　　　家　　　町	2.7
57	京　　　都	京都市産寧坂	門　　　前　　　町	8.2
58	京　　　都	京都市祇園新橋	茶　　　屋　　　町	1.4
59	京　　　都	京都市嵯峨鳥居本	門　　　前　　　町	2.6
60	京　　　都	南丹市美山町北	山　村　集　落	127.5
61	京　　　都	伊根町伊根浦	漁　　　　　　　村	310.2
62	京　　　都	与謝野町加悦	製　　　織　　　町	12.0
63	大　　　阪	富田林市富田林	寺内町・在郷町	12.9
64	兵　　　庫	神戸市北野町山本通	港　　　町	9.3
65	兵　　　庫	豊岡市出石	城　　　下　　　町	23.1

	都道府県	市町村・地区名称	種別	面積（ha）
67	兵庫	丹波篠山市篠山	城下町	40.2
68	兵庫	丹波篠山市福住	宿場町・農村集落	25.2
69	兵庫	養父市大屋町大杉	山村・養蚕集落	5.8
70	兵庫	たつの市龍野	商家町・醸造町	15.9
71	奈良	橿原市今井町	寺内町・在郷町	17.4
72	奈良	五條市五條新町	商家町	7.0
73	奈良	宇陀市松山	商家町	17.0
74	和歌山	湯浅町湯浅	醸造町	6.3
75	鳥取	倉吉市打吹玉川	商家町	9.2
76	鳥取	若桜町若桜	商家町	9.5
77	鳥取	大山町所子	農村集落	25.8
78	島根	大田市大森銀山	鉱山町	162.7
79	島根	大田市温泉津	港町・温泉町	36.6
80	島根	津和野町津和野	武家町・商家町	11.1
81	岡山	倉敷市倉敷川畔	商家町	15.0
82	岡山	津山市城東	商家町	8.1
83	岡山	津山市城西	寺町・商家町	12.0
84	岡山	高梁市吹屋	鉱山町	6.4
85	岡山	矢掛町矢掛宿	宿場町	11.5
86	広島	呉市豊町御手洗	港町	6.9
87	広島	竹原市竹原地区	製塩町	5.0
88	広島	福山市鞆町	港町	8.6
89	広島	廿日市市宮島町	門前町	16.8
90	山口	萩市堀内地区	武家町	55.0
91	山口	萩市平安古地区	武家町	4.0
92	山口	萩市浜崎	港町	10.3
93	山口	萩市佐々並市	宿場町	20.8
94	山口	柳井市古市金屋	商家町	1.7
95	徳島	美馬市脇町南町	商家町	5.3
96	徳島	三好市東祖谷山村落合	山村集落	32.3
97	徳島	牟岐町出羽島	漁村集落	3.7
98	香川	丸亀市塩飽本島町笠島	港町	13.1
99	愛媛	西予市宇和町卯之町	在郷町	4.9
100	愛媛	内子町八日市護国	製蝋町	3.5
101	高知	室戸市吉良川町	在郷町	18.3
102	高知	安芸市土居廓中	武家町	9.2
103	福岡	八女市八女福島	商家町	19.8
104	福岡	八女市黒木	在郷町	18.4
105	福岡	うきは市筑後吉井	在郷町	20.7
106	福岡	うきは市新川田篭	山村集落	71.2
107	福岡	朝倉市秋月	城下町	58.6
108	佐賀	鹿島市浜庄津町浜金屋町	港町・在郷町	2.0
109	佐賀	鹿島市浜中町八本木宿	醸造町	6.7
110	佐賀	嬉野市塩田津	商家町	12.8
111	佐賀	有田町有田内山	製磁町	15.9
112	長崎	長崎市東山手	港町	7.5
113	長崎	長崎市南山手	港町	17.0
114	長崎	平戸市大島村神浦	港町	21.2
115	長崎	雲仙市神代小路	武家町	9.8
116	大分	日田市豆田町	商家町	10.7
117	大分	杵築市北台南台	武家町	16.1
118	宮崎	日南市飫肥	武家町	19.8
119	宮崎	日向市美々津	港町	7.2
120	宮崎	椎葉村十根川	山村集落	39.9
121	鹿児島	出水市出水麓	武家町	43.8
122	鹿児島	薩摩川内市入来麓	武家町	19.2
123	鹿児島	南さつま市加世田麓	武家町	20.0
124	鹿児島	南九州市知覧	武家町	18.6
125	沖縄	渡名喜村渡名喜島	島の農村集落	21.4
126	沖縄	竹富町竹富島	島の農村集落	38.3
43道府県 104市町村 126地区				4,023.9

重要伝統的建造物群保存地区選定基準（昭和50年11月20日　文部省告示第157号）伝統的建造物群保存地区を形成している区域のうち次の各号の一に該当するもの
1.（一）伝統的建造物群が全体として意匠的に優秀なもの
2.（二）伝統的建造物群及び地割がよく旧態を保持しているもの
3.（三）伝統的建造物群及びその周囲の環境が地域的特色を顕著に示しているもの
資料：文部科学省文化庁文化財第二課

（令和3年8月2日現在）

歴史的風土

①歴史的風土保存区域、歴史的風土特別保存地区指定状況（明日香村を除く）

都市名	歴史的風土保存区域 区域の名称	歴史的風土保存区域 地区の名称	歴史的風土特別保存地区 地区の名称
京都市	京都市歴史的風土保存区域	醍醐 桃山 東山 山科 上高野 大原野 鞍馬 岩倉 上賀茂松ヶ崎 西賀茂 御室・衣笠 高雄・愛宕 嵯峨嵐山 桂 （14 地区） 8,513.0（ha）	醍醐 修学院 瓜生山 大文字山 清水 水峰寺 阿弥陀ヶ峰 泉涌寺 稲荷山 山科 高光院 大原野 高光寺 三千院 岩倉 上賀茂 松ヶ崎 西賀茂 金閣 御室 双ヶ岡 嵯峨 愛宕山 小嵐山 （24 地区） 2,861.0（ha）
奈良市	奈良市歴史的風土保存区域	春日山 平城宮跡 西ノ京 （3 地区） 2,776.0（ha）	春日山 平城宮跡 山陵 武天皇陵 唐招提寺 薬師寺 （6 地区） 1,809.0（ha）
斑鳩町	奈良県生駒郡斑鳩町歴史的風土保存区域 （1 区域） 536.0（ha）	斑鳩	法隆寺 （1 地区） 80.9（ha）
天理市、橿原市及び桜井市	天理市、橿原市及び桜井市歴史的風土保存区域	石上・三輪 鳥見山 磐余 大和三山 （4 地区） 2,712.0（ha）	石上神宮 崇神景行天皇陵 三輪山 畝傍山 耳成山 香久山 藤原宮跡 （4 地区） 598.2（ha）
鎌倉市 逗子市	鎌倉市及び逗子市歴史的風土保存区域	朝比奈 八幡宮 長谷極楽寺 山ノ内 大町材木座 （5 地区） 989.0（ha）	朝比奈切通し 妙本寺 浄泉寺 護良親王墓 永福寺跡 建長寺・浄智寺 寿福寺 八幡宮 大仏・長谷観音 極楽寺 稲村ヶ崎 円覚寺 妙本寺・衣張山 名越切通し 大町材木座 （13 地区） 573.6（ha）
大津市	大津市歴史的風土保存区域	比叡山・坂本 近江大津京跡 園城山 音羽山 石山寺 （5 地区） 4,557.0（ha）	延暦寺東塔・西塔 延暦寺横川 延暦寺飯室谷 西教寺 日吉大社 崇福寺跡 近江神宮 園城寺 石山寺 （9 地区） 505.7（ha）
合計	6 区域	（20 地区） 20,083.0（ha）	（60 地区） 6,428.4（ha）

資料：国土交通省都市局　　　　　　　　　　　　　　'17（平 29）年 3 月末

②明日香村における第 1 種歴史的風土保存地区及び第 2 種歴史的風土保存地区

都市名	第 1 種歴史的風土保存地区 地区の名称	第 1 種歴史的風土保存地区 面積	第 2 種歴史的風土保存地区
明日香村	飛鳥宮跡	105.6（ha）	2,278.4（ha）
	石舞台	5.0	
	岡寺	7.5	
	高松塚	7.5	
	4 地区	125.6（ha）	2,278.4（ha）

資料：国土交通省都市局　　　　　　　　　　　　　　'17（平 29）年 3 月末

温泉地及び温泉利用者数等

都道府県	温泉地数	ゆう出量 ℓ/min	宿泊施設数	収容定員 (人)	年度延宿泊利用人員	入湯税収入済額 (千円)*
北 海 道	234	197,557	690	120,864	9,517,142	1,349,632
青 森 県	127	147,494	246	22,057	831,823	83,431
岩 手 県	83	112,490	203	25,238	1,316,452	290,133
宮 城 県	41	25,655	234	30,675	1,301,987	273,764
秋 田 県	119	86,633	219	18,604	1,087,573	354,117
山 形 県	83	46,192	299	27,422	1,241,922	319,790
福 島 県	132	79,929	495	53,818	1,905,333	392,716
茨 城 県	36	22,502	74	7,622	430,904	200,103
栃 木 県	67	61,284	419	51,911	2,384,904	466,672
群 馬 県	96	56,725	525	45,557	3,211,516	526,084
埼 玉 県	28	14,676	42	4,463	481,896	36,570
千 葉 県	87	13,429	163	49,537	2,080,544	215,459
東 京 都	21	30,288	34	9,523	221,369	179,058
神 奈 川 県	39	30,238	587	52,955	3,542,391	544,473
新 潟 県	144	65,976	516	54,311	1,890,788	443,905
富 山 県	69	30,402	126	14,924	656,792	155,668
石 川 県	51	31,754	204	31,016	2,527,381	250,791
福 井 県	38	7,811	134	22,334	853,378	216,011
山 梨 県	26	37,609	198	24,968	2,280,433	367,525
長 野 県	197	105,051	995	87,017	4,392,843	710,005
岐 阜 県	58	68,764	263	25,863	1,384,489	356,166
静 岡 県	115	112,478	2,102	116,782	7,130,394	885,918
愛 知 県	36	16,577	92	13,391	764,798	144,954
三 重 県	71	46,574	335	43,935	1,983,777	324,768
滋 賀 県	24	10,421	45	8,761	413,707	128,480
京 都 府	43	20,300	198	15,330	1,104,160	140,741
大 阪 府	34	33,091	45	16,186	963,963	197,448
兵 庫 県	81	48,649	380	40,734	3,024,261	483,284
奈 良 県	32	6,753	70	6,696	302,097	41,133
和 歌 山 県	50	58,456	330	32,405	2,206,154	242,156

都 道 府 県	温泉地数	ゆう出量 ℓ/min	宿 泊 施設数	収容定員 （人）	年度延宿 泊利用人員	入 湯 税 収入済額 （千円）＊
鳥 取 県	15	20,065	105	13,254	625,001	96,419
島 根 県	40	27,878	104	11,377	712,282	113,211
岡 山 県	36	21,915	90	8,608	453,093	110,051
広 島 県	62	34,174	79	9,267	886,842	120,543
山 口 県	43	26,117	138	11,607	956,226	146,393
徳 島 県	26	7,425	29	3,628	317,321	27,430
香 川 県	28	10,960	56	11,076	959,001	71,415
愛 媛 県	34	18,688	93	10,473	796,261	93,377
高 知 県	42	2,944	80	6,249	380,011	35,395
福 岡 県	47	53,377	98	11,713	780,089	139,618
佐 賀 県	19	21,964	74	7,364	474,542	101,952
長 崎 県	33	28,076	85	12,893	788,534	133,918
熊 本 県	54	132,047	392	31,908	1,428,349	194,035
大 分 県	62	298,416	849	46,648	3,325,643	360,484
宮 崎 県	30	24,795	66	7,768	536,532	93,241
鹿 児 島 県	89	174,500	307	25,564	1,098,432	145,195
沖 縄 県	12	4,986	16	8,728	639,381	53,709
令和 2 年度計	2,934	2,534,086	12,924	1,313,024	76,592,711	12,357,341
令和元 年度計	2,971	2,518,113	13,050	1,339,237	126,529,082	22,497,732
平成 30 年度計	2,982	2,518,971	12,875	1,323,011	130,563,552	22,364,376
平成 29 年度計	2,983	2,546,813	12,860	1,344,954	130,567,782	22,688,545
平成 28 年度計	3,038	2,564,123	13,008	1,354,607	130,127,812	22,364,376
平成 27 年度計	3,084	2,574,114	13,108	1,371,063	132,064,038	22,743,172
平成 26 年度計	3,088	2,630,428	13,278	1,377,591	127,974,837	22,372,601
平成 25 年度計	3,098	2,642,705	13,358	1,377,387	126,422,229	22,061,618
平成 24 年度計	3,085	2,588,195	13,521	1,373,508	124,695,579	21,798,713
平成 23 年度計	3,108	2,681,673	13,754	1,394,107	120,061,329	20,862,558

注：1　温泉地数は宿泊施設のある場所を計上
　　2　宿泊利用人員は参考数値
資料：環境省自然環境局　　　　　　　　　　　　　'21（令3）年3月末
　＊　総務省自治財政局（令和元〜2年度）、
　　　総務省自治税務局（平成23〜30年度）

入湯税収入額が多い市町村ベスト30

順位	都道府県	市町村	主な温泉地	入湯税収入額 (千円)	全体比
1	神奈川県	箱根町	箱根温泉郷	378,969	3.1%
2	静岡県	熱海市	熱海	223,670	1.8%
3	大分県	別府市	別府温泉郷	223,249	1.8%
4	静岡県	伊東市	伊東	190,574	1.5%
5	栃木県	日光市	鬼怒川、川治、湯西川、奥鬼怒	178,311	1.4%
6	北海道	札幌市	定山渓	165,864	1.3%
7	兵庫県	神戸市	有馬	159,559	1.3%
8	群馬県	草津町	草津	125,044	1.0%
9	栃木県	那須町	那須温泉郷	121,407	1.0%
10	群馬県	渋川市	伊香保	115,871	0.9%
11	和歌山県	白浜町	白浜	114,222	0.9%
12	北海道	登別市	登別、カルルス	110,474	0.9%
13	岐阜県	高山市	奥飛騨温泉郷、飛騨高山	108,479	0.9%
14	北海道	函館市	湯川	108,313	0.9%
15	宮城県	仙台市	秋保、作並	99,964	0.8%
16	石川県	加賀市	山中、山代、片山津	98,438	0.8%
17	三重県	鳥羽市	鳥羽温泉郷	96,575	0.8%
18	大阪府	大阪市	なにわ	91,372	0.7%
19	秋田県	仙北市	乳頭温泉郷、玉川	88,402	0.7%
20	岐阜県	下呂市	下呂、小坂温泉郷	82,054	0.7%
21	愛媛県	松山市	道後	81,695	0.7%
22	北海道	釧路市	阿寒湖	79,896	0.6%
23	長野県	軽井沢町	星野	77,207	0.6%
24	山形県	鶴岡市	湯野浜、湯田川、あつみ	73,844	0.6%
25	静岡県	伊豆市	修善寺、天城湯ヶ島、土肥、中伊豆	73,174	0.6%
26	兵庫県	豊岡市	城崎	70,164	0.6%
27	栃木県	那須塩原市	塩原温泉郷、板室	69,174	0.6%
28	岩手県	花巻市	花巻温泉郷	67,339	0.5%
29	群馬県	みなかみ町	みなかみ18湯	67,225	0.5%
30	北海道	洞爺湖町	洞爺湖	66,895	0.5%

課税市町村　996件　　　合計　12,357,341

資料：(一社) 日本温泉協会が総務省資料 (2020年度決算) をもとに作成。

3. 観光施設

ホテル・旅館の登録制度

　ホテル・旅館の登録制度は、国際観光ホテル整備法（昭和24年法第279号）の規定に基づき、外客の宿泊施設としてふさわしい一定の施設等の条件を備えたホテル・旅館を登録し、外客に情報を宣伝することにより、外国人の訪問を促進して、国際観光を振興することを目的としている。

ホテル・旅館の都道府県別分布状況

都道府県	旅館・ホテル＊1		登録ホテル＊2		登録旅館＊2	
	施設数	客室数	施設数	客室数	施設数	客室数
北海道	2,877	117,115	65	11,525	71	11,176
（札幌市）	375	34,700	(13)	(4,026)	(8)	(1,851)
青森県	613	19,765	16	1,515	5	444
岩手県	792	21,972	9	1,107	20	1,538
宮城県	724	34,835	13	1,839	24	2,470
（仙台市）	205	18,026	(4)	(765)	(9)	(1,091)
秋田県	523	15,151	12	1,518	13	820
山形県	790	20,024	13	1,426	48	2,352
福島県	1,500	42,859	14	1,951	45	2,666
茨城県	925	28,323	17	1,937	9	560
栃木県	1,412	36,359	10	884	32	2,254
群馬県	1,171	29,904	16	1,726	58	3,610
埼玉県	691	25,545	8	987	5	143
（さいたま市）	95	5,070	(2)	(400)	(1)	(13)
千葉県	1,268	58,484	51	14,576	23	1,488
（千葉市）	131	10,974	(15)	(4,491)	(0)	(0)

都道府県	旅館・ホテル＊1		登録ホテル＊2		登録旅館＊2	
	施設数	客室数	施設数	客室数	施設数	客室数
東京都	3,620	202,260	67	24,368	6	191
神奈川県	1,349	57,184	43	8,284	42	1,724
（横浜市）	237	23,374	(15)	(4,835)	(0)	(0)
（川崎市）	61	4,407	(3)	(407)	(0)	(0)
（相模原市）	80	3,382	(0)	(0)	(0)	(0)
新潟県	2,020	43,449	44	8,081	73	3,434
（新潟市）	193	9,060	(23)	(3,813)	(7)	(259)
富山県	390	14,969	10	1,271	15	850
石川県	738	27,769	22	3,783	61	4,395
福井県	932	15,762	7	891	21	1,264
山梨県	1,327	26,518	13	1,236	49	2,655
長野県	2,602	63,415	46	5,160	143	6,518
岐阜県	1,095	25,791	17	2,673	41	2,399
静岡県	2,760	71,210	69	9,025	114	6,250
（静岡市）	175	7,209	(16)	(2,021)	(6)	(132)
（浜松市）	194	9,159	(26)	(3,928)	(10)	(563)
愛知県	1,221	66,965	26	6,093	23	1,348
（名古屋市）	379	34,531	(14)	(4,564)	(0)	(0)
三重県	1,284	30,593	27	3,287	41	2,575
滋賀県	496	15,143	20	2,747	13	699
京都府	1,017	47,134	20	6,080	59	2,002
（京都市）	679	39,729	(15)	(5,540)	(44)	(1,554)
大阪府	1,520	117,489	25	9,338	6	201
（大阪市）	1,061	96,980	(18)	(8,403)	(3)	(93)
（堺市）	71	3,722	(3)	(381)	(0)	(0)
兵庫県	1,475	48,228	19	4,515	53	2,948
（神戸市）	283	18,956	(6)	(2,468)	(13)	(947)
奈良県	408	9,948	4	468	19	553
和歌山県	675	16,827	13	1,583	20	2,134
鳥取県	335	9,734	1	135	24	1,109
島根県	399	10,734	5	490	22	1,118
岡山県	683	21,518	10	1,379	11	543
（岡山市）	173	9,557	(6)	(1,052)	(0)	(0)

3

都道府県		旅館・ホテル＊1		登録ホテル＊2		登録旅館＊2	
		施設数	客室数	施設数	客室数	施設数	客室数
広島県		730	31,633	23	3,878	15	624
（広島市）		244	16,615	(10)	(2,612)	(2)	(71)
山口県		623	17,820	10	1,131	19	1,209
徳島県		489	9,834	8	769	6	214
香川県		350	13,206	9	1,282	11	508
愛媛県		438	16,443	28	3,388	13	888
高知県		358	10,679	5	565	10	612
福岡県		1,209	61,879	28	5,222	8	276
（北九州市）		150	9,500	(1)	(24)	(0)	(0)
（福岡市）		610	37,648	(19)	(4,396)	(0)	(0)
佐賀県		339	9,516	10	1,341	14	850
長崎県		608	21,911	4	512	19	1,145
熊本県		1,039	27,775	14	2,248	14	1,051
（熊本市）		188	9,963	(10)	(1,752)	(0)	(0)
大分県		1,025	24,093	2	148	26	1,211
宮崎県		425	14,927	21	3,914	7	306
鹿児島県		888	27,266	15	3,356	16	1,239
沖縄県		2,550	59,166	18	4,378	0	0
全国	'21（令和3）	50,703	1,739,124	947	174,010	1,387	84,564
	'20（令和2）	51,004	1,707,078	945	173,384	1,393	85,009
	'19（令和1）	49,502	1,646,065	945	172,356	1,414	86,139

注：（　）は政令指定都市
資料：＊1　厚生労働省「衛生行政報告例」、令和2年度末現在
　　　　　全国集計については各年とも3月末の集計データ
　　　＊2　国土交通省観光庁観光産業課、令和3年12月末現在
　　　　　全国集計については、各年とも12月末の集計データ

各団体加盟の宿泊施設数

都道府県名	ホテル		旅館	国民宿舎	
	日本ホテル協会	全日本ホテル連盟	日本旅館協会	国民宿舎協会（公営）	民営国民宿舎協議会
北　海　道	10	7	172	2	4
青　森　県	6	3	18	1	0
岩　手　県	2	3	34	2	0
宮　城　県	6	4	35	0	1
秋　田　県	3	1	19	0	0
山　形　県	3	1	71	2	0
福　島　県	2	5	64	0	4
茨　城　県	4	3	19	1	0
栃　木　県	3	5	70	1	1
群　馬　県	3	1	89	3	0
埼　玉　県	2	5	9	1	0
千　葉　県	5	8	42	1	0
東　京　都	45	59	37	0	1
神　奈　川　県	17	10	52	0	2
新　潟　県	4	12	99	0	3
長　野　県	10	12	225	7	8
山　梨　県	5	1	69	0	1
静　岡　県	11	3	94	2	3
富　山　県	2	0	21	2	0
石　川　県	1	2	60	2	0
福　井　県	1	2	26	2	0
岐　阜　県	3	1	43	0	2
愛　知　県	17	9	53	0	0
三　重　県	3	2	60	0	1
滋　賀　県	3	1	19	0	1
京　都　府	10	7	109	0	0
大　阪　府	16	22	22	0	0

都道府県 名	ホテル		旅 館	国民宿舎	
	日本ホテル協会	全日本ホテル連盟	日本旅館協会	国民宿舎協会（公営）	民営国民宿舎協議会
兵　庫　県	6	15	97	1	0
奈　良　県	1	2	39	1	0
和　歌　山　県	1	3	43	1	4
鳥　取　県	0	1	23	2	2
島　根　県	1	0	33	2	0
岡　山　県	4	2	16	1	0
広　島　県	4	3	30	3	1
山　口　県	3	1	37	2	1
徳　島　県	1	0	19	0	1
香　川　県	1	1	28	1	2
愛　媛　県	2	4	38	0	0
高　知　県	1	0	36	1	0
福　岡　県	5	3	21	3	0
佐　賀　県	0	0	19	0	2
長　崎　県	1	3	29	1	0
熊　本　県	0	1	31	1	0
大　分　県	0	0	62	0	0
宮　崎　県	1	1	11	2	1
鹿　児　島　県	4	1	43	2	1
沖　縄　県	7	0	6	0	0
'22（令和 4 ）計	240	230	2,292	53	47
'21（令和 3 ）計	243	237	2,348	60	47
'20（令和 2 ）計	246	240	2,439	72	50
'19（令和 1 ）計	242	233	2,528	82	56
'18（平成 30）計	247	213	2,632	91	56
'17（平成 29）計	246	206	2,699	94	57
'16（平成 28）計	249	206	2,755	102	56
'15（平成 27）計	244	197	2,911	107	57
'14（平成 26）計	243	211	3,081	111	58

資料：各関係団体

主要ホテルの客室利用状況

（単位：千人・%）

年	利用者総数	平均客室利用率	都市										リゾート	
			京浜		京阪神		地方都市		計					
			利用者数	客室利用率	利用者数	客室利用率	利用者数	客室利用率	利用者数	客室利用率			利用者数	客室利用率
'15（平27）	25,185	80.5	9,237	84.4	4,645	88.9	7,507	77.7	21,389	82.6			3,796	67.5
'16（平28）	24,308	78.9	8,970	82.1	4,392	85.7	7,254	76.1	20,617	80.4			3,691	69.0
'17（平29）	24,435	79.2	9,011	82.6	4,530	88.2	6,698	75.9	20,238	81.2			4,196	68.3
'18（平30）	22,654	80.2	8,668	84.6	4,044	88.0	6,400	76.2	19,113	82.0			3,576	68.7
'19（令1）	23,412	79.2	8,814	82.7	4,226	86.6	7,067	76.1	20,107	80.9			3,305	68.0
'20（令2）	10,361	35.3	2,952	27.2	1,809	35.2	3,650	42.3	8,411	34.6			1,950	39.9
'21（令3）	9,926	34.7	2,992	29.7	1,659	35.0	3,469	40.3	8,120	34.9			1,805	33.8

注：1　平均客室利用率は客室数に応じた加重平均
　　2　京浜は、東京23区、横浜市、川崎市を指す
資料：（一社）日本ホテル協会

主要ホテルの地域別月別客室利用率

（単位：%）

	1月	2月	3月	4月	5月	6月	7月	8月	9月	10月	11月	12月
京浜	14.7	18.6	23.2	22.3	20.9	24.8	38.7	35.2	28.9	34.6	43.0	49.6
京阪神	18.7	22.9	34.5	22.2	16.6	26.6	34.1	35.0	35.4	44.5	55.9	60.6
地方都市	23.9	29.2	39.0	35.5	30.0	33.3	45.1	41.5	34.4	51.1	58.8	61.6
リゾート	17.5	23.3	31.0	26.6	25.0	22.9	38.3	41.8	31.7	42.6	51.9	50.7
全ホテル	18.9	23.6	31.6	27.3	24.0	27.8	39.8	38.2	32.2	43.0	51.9	55.8

注：京浜は、東京23区、横浜市、川崎市を指す　　　　　　　　　　'21（令3）年
資料：（一社）日本ホテル協会

ビジネスホテルの客室利用率

（単位：%）

年度	北海道	東北	関東	甲信越	東海	北陸	近畿	中国	四国	九州	全国平均
'15（平27）	72.2	63.7	88.0	69.0	78.5	67.5	86.5	74.3	64.8	78.2	82.1
'16（平28）	74.1	63.7	87.4	71.2	79.6	80.6	84.9	70.5	71.0	70.0	81.7
'17（平29）	76.2	62.3	88.1	71.5	82.5	84.3	84.3	73.9	71.4	75.9	77.0
'18（平30）	77.2	67.6	88.3	70.7	82.5	77.4	82.5	77.3	57.3	75.6	75.8
'19（令1）	77.9	65.8	80.4	69.7	75.4	78.7	75.1	69.3	60.8	68.3	76.2
'20（令2）	53.0	58.5	35.4	50.4	48.2	51.2	38.3	40.2	42.9	45.7	41.3
'21（令3）	56.0	68.2	54.9	64.2	59.9	57.9	50.6	54.2	56.5	52.7	55.9

資料：（一社）全日本ホテル連盟

ビジネスホテルの地域別月別客室利用率

（単位：％）

	4月	5月	6月	7月	8月	9月	10月	11月	12月	1月	2月	3月	平均
北海道	41.8	40.6	49.8	68.3	64.5	57.2	67.9	66.6	56.9	45.1	56.5	62.1	56.0
東　北	66.9	56.5	66.2	71.8	62.3	63.7	75.6	79.6	77.3	64.4	60.2	73.9	68.2
関　東	44.8	38.2	45.5	59.6	57.2	49.3	55.2	62.4	68.9	53.0	56.0	66.2	54.9
甲信越	57.6	53.9	60.2	70.2	69.8	63.9	77.5	74.9	70.9	53.1	53.9	60.8	64.2
東　海	50.9	43.9	51.9	60.2	57.1	51.4	67.1	69.9	74.5	58.4	60.6	72.2	59.9
北　陸	53.5	42.5	47.1	62.5	53.6	49.3	67.3	79.1	71.3	50.2	54.1	67.5	57.9
近　畿	34.8	32.0	38.6	48.1	47.6	45.6	56.2	66.4	68.0	50.4	50.5	68.5	50.6
中　国	40.6	34.8	40.6	50.1	47.6	50.0	60.2	70.1	69.7	55.9	66.1	70.7	54.2
四　国	39.9	33.0	48.5	61.9	59.7	53.6	63.6	74.3	68.0	51.9	55.7	67.8	56.5
九　州	43.4	28.9	33.4	53.3	45.0	42.2	59.4	74.7	78.4	57.5	53.2	68.9	52.7
全国平均	45.3	39.0	46.3	58.8	55.7	50.2	60.0	66.9	70.3	53.9	56.1	67.6	55.9

資料：（一社）全日本ホテル連盟　　　　　　　　　　　　　　　'21（令3）年度

主要旅館の定員稼働率

（単位：％）

年度	全国	北海道	東北	関東	北陸信越	中部	関西	中国	四国	九州（含沖縄）
'13（平25）	34.4	31.5	37.0	37.9	30.4	39.3	33.2	32.6	35.9	32.7
'14（平26）	36.0	34.0	32.0	32.8	32.7	41.9	37.0	34.3	37.8	40.2
'15（平27）	36.6	36.5	31.5	38.6	33.8	40.3	39.3	34.2	35.5	39.9
'16（平28）	37.7	36.2	33.3	38.6	37.1	40.4	41.4	34.6	37.6	40.1
'17（平29）	37.3	38.1	31.3	39.1	31.1	40.6	41.5	32.8	41.8	40.6
'18（平30）	40.2	39.8	32.2	39.2	34.5	49.0	43.2	34.1	38.7	48.4
'19（令1）	38.1	34.6	35.9	38.2	32.1	41.3	37.3	35.8	39.5	44.4
'20（令2）	36.4	37.6	29.4	40.4	32.0	40.4	32.5	33.8	36.8	43.5
'21（令3）	25.1	25.6	22.3	27.1	24.6	25.4	24.9	20.6	27.4	30.7

注：定員稼働率 ＝ $\dfrac{\text{年間延べ宿泊人員}}{\text{収容人員} \times \text{営業日数}}$

資料：（一社）日本旅館協会「営業状況等統計調査」

民泊制度

　民泊とは、一般的には、住宅（戸建住宅やマンションなどの共同宅等）の全部又は一部を活用して、旅行者等に宿泊サービスを提供することを指す。国内で民泊を行う場合には、

1. 旅館業法（昭和23年法律第138号）の許可を得る
2. 国家戦略特区法（平成25年法律第107号）（特区民泊）の認定を得る
3. 住宅宿泊事業法（平成29年法律第65号）の届出を行う

などの方法から選択することとなる。

出典：民泊制度ポータルサイト（https://www.mlit.go.jp/kankocho/minpaku/overview/
　　　minpaku/index.html）
　　　（出典をもとに（公社）日本観光振興協会にて編集）

住宅宿泊事業法に基づく届出住宅数

①都道府県 届出住宅数

1	北海道	622	17	石川県	30	33	岡山県	30
2	青森県	48	18	福井県	22	34	広島県	108
3	岩手県	63	19	山梨県	226	35	山口県	60
4	宮城県	76	20	長野県	99	36	徳島県	47
5	秋田県	27	21	岐阜県	144	37	香川県	77
6	山形県	25	22	静岡県	252	38	愛媛県	85
7	福島県	85	23	愛知県	83	39	高知県	40
8	茨城県	131	24	三重県	129	40	福岡県	708
9	栃木県	291	25	滋賀県	131	41	佐賀県	22
10	群馬県	102	26	京都府	59	42	長崎県	103
11	埼玉県	240	27	大阪府	136	43	熊本県	78
12	千葉県	674	28	兵庫県	48	44	大分県	61
13	東京都	237	29	奈良県	146	45	宮崎県	58
14	神奈川県	246	30	和歌山県	288	46	鹿児島県	137
15	新潟県	186	31	鳥取県	20	47	沖縄県	944
16	富山県	88	32	島根県	72		合計	7,584

3

②保健所設置市 届出住宅数

1	札幌市	1,298	13	広島市	160	25	尼崎市	5
2	仙台市	35	14	川口市	9	26	西宮市	1
3	新潟市	13	15	八王子市	25	27	明石市	0
4	横浜市	177	16	横須賀市	55	28	奈良市	47
5	川崎市	53	17	金沢市	32	29	鳥取市	11
6	相模原市	14	18	豊橋市	3	30	倉敷市	12
7	名古屋市	389	19	一宮市	2	31	高知市	17
8	京都市	561	20	枚方市	11	32	那覇市	359
9	大阪市	1,569	21	八尾市	2	33	町田市	15
10	堺市	33	22	寝屋川市	1	34	藤沢市	61
11	神戸市	64	23	吹田市	9	35	茅ヶ崎市	15
12	岡山市	44	24	姫路市	2		合計	5,104

③特別区 届出住宅数

1	千代田区	19	9	品川区	85	17	北区	162
2	中央区	72	10	目黒区	21	18	荒川区	39
3	港区	357	11	大田区	87	19	板橋区	169
4	新宿区	1,339	12	世田谷区	196	20	練馬区	67
5	文京区	93	13	渋谷区	542	21	足立区	60
6	台東区	413	14	中野区	128	22	葛飾区	123
7	墨田区	514	15	杉並区	171	23	江戸川区	145
8	江東区	20	16	豊島区	680		合計	5,502

'22（令4）年9月12日時点

出典：国土交通省観光庁「住宅宿泊事業法に基づく届出及び登録の状況一覧」
民泊制度ポータルサイト（https://www.mlit.go.jp/kankocho/minpaku/business/host/construction_situation.html）
（出典をもとに（公社）日本観光振興協会にて編集。）

ユースホステル

　ユースホステルは旅行を通じた青少年の健全な育成に資するために設けられた簡素、清潔、低廉かつ安全な宿泊施設である。

①ユースホステル施設と利用者数の推移

	施設数（軒）		総ベッド数（人）		宿泊者数（千人）	
	国立及び公営	民営	国立及び公営	民営	国立及び公営	民営
'13（平25）	8	214	562	7,411	64	319
'14（平26）	7	213	542	7,080	60	326
'15（平27）	7	205	498	7,124	61	347
'16（平28）	7	203	545	6,774	69	339
'17（平29）	7	187	677	6,096	74	306
'18（平30）	6	182	488	7,311	58	282
'19（令1）	6	169	488	5,645	73	249
'20（令2）	5	153	426	4,573	16	59
'21（令3）	5	137	426	4,799	12	55

資料：（一財）日本ユースホステル協会
注：1月31日から12月31日まで

②ユースホステル宿泊者の推移

（単位：千人）

	日本人			外国人			合　計		
	公営	民営	計	公営	民営	計	公営	民営	計
'13（平25）	52	265	317	11	55	66	60	319	383
'14（平26）	50	257	307	9	70	79	60	326	386
'15（平27）	42	265	307	19	82	101	61	347	408
'16（平28）	51	259	310	18	80	98	69	339	408
'17（平29）	59	236	295	15	70	85	74	306	380
'18（平30）	45	221	266	13	61	74	58	282	340
'19（令1）	61	209	270	12	40	52	73	249	322
'20（令2）	14	54	68	2	5	7	16	59	75
'21（令3）	11	55	66	1	0	1	12	55	67

資料：（一財）日本ユースホステル協会
注：1月31日から12月31日まで

都道府県別観光レクリエーション施設数

都道府県＼種別	スポーツ・レクリエーション施設										
	サイクリングコース	ハイキングコース	オリエンテーリング・パーマネントコース	自然研究歩道	キャンプ場	アーチェリー場	ゴルフ場	スキー場	スケート場	海水浴場	ヨット・マリーナ・ハーバー
北 海 道	31	45	1	49	222	1	143	22	30	43	6
青 森 県	3	8	0	9	42	0	15	9	5	23	4
岩 手 県	6	23	0	25	53	0	23	10	5	13	3
宮 城 県	3	29	0	38	36	0	34	5	1	13	2
秋 田 県	2	20	0	17	43	0	15	3	1	16	1
山 形 県	4	5	1	25	30	0	16	4	2	11	1
福 島 県	8	37	0	44	68	1	35	14	3	19	2
茨 城 県	16	25	2	10	22	0	113	0	0	17	5
栃 木 県	8	31	0	17	43	0	119	4	4	0	0
群 馬 県	8	62	3	34	46	0	66	17	1	0	0
埼 玉 県	10	49	0	21	24	0	81	0	0	0	0
千 葉 県	7	12	0	25	27	0	160	0	2	58	5
東 京 都	11	23	0	24	28	0	20	0	1	35	0
神 奈 川 県	2	77	0	4	52	3	51	0	4	22	8
新 潟 県	6	1	0	13	90	0	40	20	1	60	2
富 山 県	0	12	0	13	29	0	15	5	1	10	2
石 川 県	6	5	0	28	26	0	25	3	0	21	1
福 井 県	3	14	0	19	30	0	11	2	0	56	5
山 梨 県	6	64	0	25	96	1	41	3	4	0	3
長 野 県	19	80	0	34	139	0	68	57	9	0	8
岐 阜 県	4	66	0	31	110	0	85	13	2	0	0
静 岡 県	6	76	0	33	52	0	87	2	0	53	13
愛 知 県	4	27	3	24	20	1	54	1	2	21	5
三 重 県	4	21	1	24	51	0	68	1	0	23	5
滋 賀 県	3	22	1	3	35	0	42	5	0	5	14
京 都 府	8	45	1	13	38	1	29	0	0	18	3
大 阪 府	0	4	1	1	3	0	38	0	2	4	1
兵 庫 県	9	45	0	17	71	0	151	12	3	32	6
奈 良 県	2	61	0	14	14	0	33	0	0	0	0
和 歌 山 県	3	45	0	12	35	0	20	0	0	19	7
鳥 取 県	5	11	0	12	25	0	10	2	0	12	0
島 根 県	2	9	0	19	36	0	8	1	2	27	1
岡 山 県	3	24	0	17	55	1	40	3	2	11	2
広 島 県	4	39	3	13	50	1	47	2	2	16	3
山 口 県	2	53	3	21	53	0	31	0	0	42	6
徳 島 県	5	20	0	14	31	0	14	0	0	5	3
香 川 県	9	16	0	10	35	0	19	0	0	25	4
愛 媛 県	3	11	1	14	50	0	20	0	1	29	2
高 知 県	2	6	0	20	37	0	12	0	0	11	2
福 岡 県	13	25	1	33	43	0	57	0	2	22	3
佐 賀 県	1	10	1	8	14	0	22	0	0	9	0
長 崎 県	3	15	2	16	42	0	23	0	0	47	10
熊 本 県	6	19	1	16	51	0	42	0	0	26	8
大 分 県	10	24	1	24	43	0	22	0	1	22	1
宮 崎 県	3	19	1	17	38	0	27	1	2	15	0
鹿 児 島 県	6	11	1	25	58	0	27	0	0	50	2
沖 縄 県	1	2	0	6	16	0	26	0	0	29	6
総 計	280	1,348	29	931	2,252	10	2,145	221	95	990	163

資料：(公社) 日本観光振興協会「全国観光情報データベース」'22（令4）年9月30日現在

種別 都道府県	スポーツ・レクリエーション施設						展示見学施設					その他
	観光農林業	観光牧場	観光漁業	テーマパーク・レジャーランド	公園	アスレチック・フィールド	博物館	美術館	水族館	動・植物園	産業観光施設	道の駅*
北 海 道	86	35	12	21	364	12	228	45	10	46	65	127
青 森 県	20	2	7	1	69	0	64	8	1	5	20	28
岩 手 県	15	7	8	5	64	3	80	10	1	6	35	36
宮 城 県	20	2	11	6	131	8	79	11	1	7	21	18
秋 田 県	21	3	11	6	82	3	63	6	1	3	10	33
山 形 県	49	3	3	3	60	0	61	11	1	3	7	21
福 島 県	15	6	11	8	100	3	70	22	2	9	15	35
茨 城 県	22	0	20	4	96	0	47	18	3	9	8	16
栃 木 県	36	3	25	8	94	0	54	18	3	10	6	25
群 馬 県	33	9	28	10	72	0	69	19	0	11	9	33
埼 玉 県	49	2	12	8	107	1	69	16	1	14	21	20
千 葉 県	102	1	22	19	90	4	53	15	1	16	11	29
東 京 都	19	1	11	11	205	4	172	53	7	26	18	1
神 奈 川 県	40	1	46	7	147	4	81	40	6	17	27	4
新 潟 県	52	2	26	9	131	2	124	27	3	16	23	42
富 山 県	3	2	4	4	49	0	52	20	1	13	12	16
石 川 県	22	1	3	2	47	2	75	23	1	7	15	26
福 井 県	16	2	27	4	30	1	41	7	1	5	15	19
山 梨 県	22	12	26	8	54	1	56	39	1	6	15	21
長 野 県	30	16	14	10	160	8	225	102	1	29	17	52
岐 阜 県	48	4	31	7	139	2	148	31	3	13	19	56
静 岡 県	32	3	29	7	125	2	80	29	4	23	31	25
愛 知 県	25	4	44	11	114	1	119	24	5	17	33	18
三 重 県	12	1	20	12	90	2	60	7	4	5	13	18
滋 賀 県	15	1	12	4	43	2	76	12	1	6	4	20
京 都 府	50	3	27	6	89	0	137	34	1	13	104	18
大 阪 府	18	1	6	22	67	1	87	24	1	14	39	10
兵 庫 県	36	3	25	12	119	3	126	29	4	29	34	35
奈 良 県	11	2	15	3	45	1	49	8	0	9	7	16
和 歌 山 県	46	1	8	5	50	0	39	5	3	4	4	35
鳥 取 県	14	2	7	3	42	1	36	11	0	5	8	17
島 根 県	12	2	8	2	55	0	63	14	2	7	6	29
岡 山 県	55	7	14	15	110	1	136	51	1	10	30	17
広 島 県	31	3	25	5	74	5	82	25	1	9	20	21
山 口 県	71	1	16	6	102	4	93	12	2	11	12	24
徳 島 県	23	0	12	2	67	0	30	9	0	10	35	18
香 川 県	5	1	8	3	53	2	36	12	2	3	7	18
愛 媛 県	13	1	8	1	91	0	53	14	1	5	16	29
高 知 県	7	2	30	0	47	1	37	10	2	6	8	24
福 岡 県	27	2	10	3	134	1	74	15	1	12	21	17
佐 賀 県	13	3	12	4	80	1	37	9	0	3	11	10
長 崎 県	5	2	5	4	113	1	52	9	3	5	8	11
熊 本 県	19	6	18	7	122	3	46	11	1	9	13	35
大 分 県	32	7	9	7	89	2	66	19	2	16	25	25
宮 崎 県	13	3	1	7	54	0	34	4	3	8	11	18
鹿 児 島 県	50	3	8	7	128	0	63	12	3	11	39	22
沖 縄 県	12	2	3	2	39	2	33	2	2	10	14	10
総 計	1,356	181	757	329	4,429	94	3,655	944	100	523	943	1,198

資料：(公社) 日本観光振興協会「全国観光情報データベース」'22 (令 4) 年 9 月 30 日現在
 ＊国土交通省「「道の駅」一覧」'22 (令 4) 年 8 月 5 日現在

(3) 観光レクリエーション施設 | 39

主要なテーマパーク等の入場者数

'20（令2）年度（原則的に4月～3月）

順位	名称	入場者数 （人）	備考
1	ナガシマリゾート	9,970,000	「ジャズドリーム長島」含む
2	東京ディズニーランド＆東京ディズニーシー	7,560,000	
3	刈谷ハイウェイオアシス	5,305,000	
4	淀川河川公園	4,326,498	
5	おかげ横丁	3,640,000	1～12月
6	国営昭和記念公園	2,182,553	4月1日～3月27日
7	ラグーナテンボス	1,630,000	
8	MEGA WEB	1,550,000	4月1日～3月1日
9	ハウステンボス	1,386,000	10～9月
10	新潟ふるさと村	1,379,133	
11	名古屋市東山動植物園	1,350,758	
12	養老公園	1,242,998	
13	豊田市鞍ケ池公園	1,190,900	
14	浜名湖ガーデンパーク	1,188,813	
15	国営木曽三川公園 138 タワーパーク	1,126,173	
16	愛知県森林公園	1,125,000	
17	よみうりランド	1,059,000	
18	特別名勝 兼六園	1,021,884	
19	道の駅 神戸フルーツ・フラワーパーク大沢	1,010,081	
20	黒壁スクエア	1,006,483	

資料：綜合ユニコム（株）「レジャーランド＆レクパーク総覧 2022」

4. 旅行業

旅行業者数の推移

	第1種 旅行業者	第2種 旅行業者	第3種 旅行業者	地域限定 旅行業者	旅行業者 代理業者	計
'18（平30）	688	2,980	5,816	200	706	10,390
'19（令1）	691	3,022	5,803	267	675	10,458
'20（令2）	686	3,043	5,692	369	620	10,410
'21（令3）	670	3,036	5,451	453	564	10,174
'22（令4）	631	3,035	5,254	534	537	1,800

注：各年4月1日現在（2018、2019年は5月1日現在）
　　第1種旅行業務…海外を含むパック旅行及び乗車船券等の販売等
　　第2種旅行業務…国内のみのパック旅行及び乗車船券等の販売等
　　第3種旅行業務…営業所所在の市町村及びこれに隣接する市町村等を旅行
　　　　　　　　　　範囲とするパック旅行及び乗車船券等の販売等
　　地域限定旅行業務…営業所所在の市町村及びこれに隣接する市町村等を旅
　　　　　　　　　　　行範囲とするパック旅行及び同区域の乗車船券等の販
　　　　　　　　　　　売等（平成25年4月1日新設）
資料：国土交通省観光庁参事官（旅行振興）

旅行業者（第1種旅行業者を除く）等の県別分布

都道府県	第2種 旅行業者	第3種 旅行業者	地域限定 旅行業者	旅行業者 代理業者	都道府県	第2種 旅行業者	第3種 旅行業者	地域限定 旅行業者	旅行業者 代理業者
北海道	121	155	25	28	滋　賀	28	59	11	7
青　森	29	19	12	4	京　都	67	152	33	10
岩　手	32	23	7	11	大　阪	191	492	10	50
宮　城	42	70	5	6	兵　庫	64	159	15	19
福　島	65	56	11	7	奈　良	22	47	7	6
秋　田	19	20	5	3	和歌山	37	28	7	7
山　形	44	18	10	8	鳥　取	16	11	10	3
新　潟	59	63	14	9	島　根	18	22	7	4
長　野	106	80	38	10	岡　山	52	68	6	6
富　山	49	46	8	6	広　島	62	85	17	12
石　川	33	53	5	7	山　口	19	13	5	3
茨　城	98	94	3	6	徳　島	23	24	3	1
栃　木	59	85	8	3	香　川	34	28	10	5
群　馬	61	77	8	11	愛　媛	43	27	7	8
埼　玉	138	214	9	10	高　知	17	24	5	2
千　葉	91	229	16	8	福　岡	67	212	15	27
東　京	543	1,417	28	95	佐　賀	13	17	1	1
神奈川	98	209	11	24	長　崎	26	31	16	6
山　梨	28	59	12	6	熊　本	47	45	5	9
福　井	32	51	6	1	大　分	33	16	10	10
岐　阜	43	74	9	10	宮　崎	27	21	6	4
静　岡	80	132	14	17	鹿児島	40	41	18	5
愛　知	126	251	4	27	沖　縄	55	70	31	6
三　重	38	67	11	7	計	3,035	5,254	534	537

資料：国土交通省観光庁参事官（旅行振興）　　　　　　　'22（令4）年4月1日現在

主要旅行業者旅行取扱状況

令和3年度主要旅行業者旅行取扱状況年度総計

区　　　　　分	取扱額（千円）	前年度取扱額（千円）	前年度比（％）
海　外　旅　行	73,304,351	40,555,967	180.7
外国人旅行（＊）	48,758,142	9,065,543	537.8
国　内　旅　行	1,274,711,697	942,616,143	135.2
合　　　　　計	1,396,774,190	992,237,653	140.8

令和2年度主要旅行業者旅行取扱状況年度総計

区　　　　　分	取扱額（千円）	前年度取扱額（千円）	前年度比（％）
海　外　旅　行	42,495,926	1,826,181,581	2.3
外国人旅行（＊）	9,099,145	226,101,576	4.0
国　内　旅　行	948,138,715	2,566,074,287	36.9
合　　　　　計	999,733,785	4,618,357,444	21.6

令和元年度主要旅行業者旅行取扱状況年度総計

区　　　　　分	取扱額（千円）	前年度取扱額（千円）	前年度比（％）
海　外　旅　行	1,510,888,911	1,679,499,665	90.0
外国人旅行（＊）	199,619,981	190,269,801	104.9
国　内　旅　行	2,580,792,669	2,814,421,015	91.7
合　　　　　計	4,291,301,561	4,684,190,481	91.6

平成30年度主要旅行業者旅行取扱状況年度総計

区　　　　　分	取扱額（千円）	前年度取扱額（千円）	前年度比（％）
海　外　旅　行	2,121,453,478	2,020,982,174	105.0
外国人旅行（＊）	241,407,128	213,768,405	112.9
国　内　旅　行	2,861,781,045	2,907,677,340	98.4
合　　　　　計	5,224,641,650	5,142,427,919	101.6

平成29年度主要旅行業者旅行取扱状況年度総計

区　　　　　分	取扱額（千円）	前年度取扱額（千円）	前年度比（％）
海　外　旅　行	2,065,305,780	1,936,178,597	106.7
外国人旅行（＊）	224,083,012	199,819,632	112.1
国　内　旅　行	3,419,084,260	3,403,859,260	100.4
合　　　　　計	5,708,473,052	5,539,857,495	103.0

平成28年度主要旅行業者旅行取扱状況年度総計

区　　　　　分	取扱額（千円）	前年度取扱額（千円）	前年度比（％）
海　外　旅　行	2,036,907,893	2,086,287,651	97.6
外国人旅行（＊）	200,541,416	175,967,445	114.0
国　内　旅　行	3,328,158,735	3,433,875,034	96.9
合　　　　　計	5,565,608,044	5,696,130,130	97.7

＊日本の旅行会社によるインバウンド旅行の取扱い
資料：国土交通省観光庁「主要旅行業者旅行取扱状況年度総計」

5. 輸送

輸送機関別国内旅客輸送量の推移

（単位：百万人）

年＼区分	鉄道	JR	定期外（内数）	新幹線（内数）	民鉄	定期外（内数）	航空	フェリー
'14 （平26）	23,734	9,165	3,535 (1.2)	339 (3.2)	14,569	6,448 (0.7)	95 (3.9)	2.2 (△ 4.1)
'15 （平27）	24,158	9,266	3,620 (2.4)	363 (7.1)	14,892	6,623 (2.7)	96 (1.4)	2.3 (7.6)
'16 （平28）	24,550	9,388	3,653 (0.9)	370 (1.8)	15,162	6,729 (1.6)	97 (1.4)	2.3 (0.7)
'17 （平29）	24,892	9,467	3,705 (1.4)	377 (2.0)	15,425	6,819 (1.3)	102 (4.7)	2.4 (2.9)
'18 （平30）	25,188	9,533	3,727 (0.6)	384 (1.8)	15,655	6,888 (1.0)	103 (1.3)	2.4 (△ 2.3)
'19 （令1）	25,607	9,642	3,776 (1.3)	389 (1.3)	15,965	6,977 (1.3)	107 (3.6)	2.5 (6.2)
'20 （令2）	19,076	7,265	2,330 (△ 38.3)	192 (△ 50.5)	11,811	4,690 (△ 32.8)	47 (△ 56.2)	1.2 (△ 50.5)
'21 （令3）	18,559	6,967	2,406 (△ 4.3)	184 (△ 4.3)	11,592	4,859 (4.6)	44 (△ 6.0)	1.3 (5.8)

輸送人員

注：1　国土交通省「国土交通月例経済」に基づき観光庁作成、令和2，3年は（公社）日本観光振興協会作成
注：2　（　）の数値は前年比伸び率を、△は減少を示す
注：3　フェリーは長距離の輸送人員を示す
出典：国土交通省観光庁「観光白書」（平成26〜令和元年）
　　　国土交通省「国土交通月例経済」（令和2，3年）

JR 6社の概況

	資本金（億円）	従業員数（人）	営業キロ（km）	総駅数（駅）	車両数（両）
JR北海道	90	6,247	2,372.3	342	993
JR東日本	2,000	48,040	7,401.7	1,677	12,548
JR東海	1,120	18,499	1,970.8	405	4,857
JR西日本	2,261	22,715	4,903.1	1,174	6,494
JR四国	35	2,116	853.7	259	416
JR九州	160	7,647	2,273.0	568	1,484

資料：各社ホームページ

主要私鉄の概況

		京王	東急	小田急	京急	西武	東武	京成	東京メトロ
資本金（百万円）		59,023	100	60,359	43,738	56,665	102,135	36,803	58,100
従業員数（人）		2,531	3,855	3,760	2,859	3,730	3,531	1,828	9,881
鉄道軌道事業	営業キロ（km）	84.7	104.9	120.5	87.0	176.6	463.3	152.3	195.0
	駅数（駅）	69	97	70	73	92	205	69	180
	車両数（両）	873	1,255	1,086	798	1,286	1,909	620	2,750

		相鉄	名鉄	近鉄	阪急	京阪	南海	阪神	西鉄
資本金（百万円）		100	101,158	100	100	100	72,983	29,384	26,157
従業員数（人）		1,066	5,185	7,216	3,592	1,327	2,628	1,325	4,706
鉄道軌道事業	営業キロ（km）	38.0	444.2	501.1	143.6	91.1	154.8	48.9	106.1
	駅数（駅）	26	275	286	90	89	100	51	72
	車両数（両）	410	1,076	1,918	1,283	708	696	358	311

資料：（一社）日本民営鉄道協会「大手民鉄の現況（2020年度）」　　　2021年3月31日現在

国内線旅客輸送実績の推移（会社別）

航空会社名 \ 年	旅 客 数（千人）					人 キ ロ（百万キロ）				
	29	30	1	2	3	29	30	1	2	3
日本航空	29,569	30,694	29,702	10,440	14,653	26,943	27,779	26,855	9,516	13,416
全日本空輸	44,252	44,437	43,034	12,709	17,993	40,294	40,729	39,528	11,576	16,385
日本トランス オーシャン航空	2,915	2,906	2,918	1,261	1,220	2,755	2,734	2,796	1,191	1,106
スカイマーク	7,224	7,385	7,569	2,963	4,168	7,670	7,766	7,902	3,063	4,339
AIRDO	2,165	2,130	2,038	580	1,162	2,042	2,004	1,913	548	1,091
ソラシドエア (旧スカイネットアジア航空)	1,890	1,892	1,796	660	1,123	1,979	1,990	1,885	691	1,274
スター フライヤー	1,554	1,597	1,534	458	677	1,494	1,536	1,471	430	646
Peach・Aviation	2,996	3,266	3,985	2,069	4,276	2,786	3,099	4,031	2,394	4,862
ジェットスター・ジャパン	4,801	4,771	5,274	1,452	2,920	5,108	4,922	5,396	1,557	3,050
バニラ・エア	1,460	1,515	487	–	–	1,539	1,677	532	–	–
スプリング・ジャパン	415	410	562	64	84	398	394	535	60	79
エアアジア・ジャパン	74	262	377	–	–	80	284	370	–	–
合　計	100,339 (104.2)	101,989 (101.6)	99,911 (98.0)	33,037 (33.1)	48,276 (147.8)	93,476 (104.7)	95,151 (101.8)	93,416 (98.2)	31,150 (33.3)	46,248 (149.0)

注：1　国土交通省「航空輸送サービスに係る情報公開」により作成
　　2　（　）内は、対前年度比（％）
　　3　単位以下は四捨五入
　　4　チャーター便による実績を除く
　　5　コードシェアを実施している場合は、自社販売分の合計
　　6　日本航空には、日本航空、日本エアコミューター、ジェイエア、北海道エアシステム、日本トランスオーシャン航空（羽田路線のみ）を含む
　　7　全日本空輸には、全日本空輸、ANAウイングスを含む
　　8　エアアジア・ジャパンは、H29年10月より運行を開始
　　9　バニラ・エアは、R1年9月をもって運航を終了
出典：（一財）航空振興財団「数字でみる航空2022」

6. 国民生活と余暇
今後の生活の力点（推移）

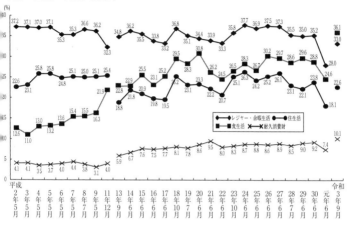

注：1　内閣府大臣官房政府広報室「国民生活に関する世論調査」に基づき観光庁作成
　　　　令和元年，3年は（公社）日本観光振興協会作成
　　2　耐久消費財とは、自動車・電気製品・家具などの耐久消費財
　　3　平成11年以前は単数回答、平成13年以降は複数回答で訊いているため、以前の調
　　　　査結果と直接比較できない
　　4　平成27年以前は20歳以上の者を対象として実施、平成28年以降は18歳以上の者
　　　　を対象として実施
　　5　令和2年調査中止
　　6　令和3年は調査手法が異なるため、以前の調査結果と直接比較できない
出典：国土交通省観光庁「観光白書」令和元年版（平成2年～30年）
　　　　内閣府大臣官房政府広報室「国民生活に関する世論調査」（令和元，3年）

6

月間平均実労働時間数

(単位：時間)

年	全　産　業		製　造　業	
	総労働時間	所定外労働時間	総労働時間	所定外労働時間
'12（平 24）	147.1	10.4	163.5	14.6
'13（平 25）	145.5	10.6	162.4	15.0
'14（平 26）	145.1	11.0	163.2	15.9
'15（平 27）	144.5	11.0	163.2	16.0
'16（平 28）	143.7	10.8	162.8	15.7
'17（平 29）	143.4	10.9	163.6	16.2
'18（平 30）	142.2	10.8	163.4	16.4
'19（令 1）	139.1	10.6	159.7	15.0
'20（令 2）	135.1	9.2	153.2	11.9
'21（令 3）	136.1	9.7	155.9	13.6

注：事業所規模 5 人以上
資料：厚生労働省「毎月勤労統計調査全国調査」

週所定労働時間企業規模別企業数割合

(単位：％、時間：分)

企業規模	40 時間以下	40 時間を超				1 企業平均週所定労働時間
		計	40：01 ～ 42：00	42：01 ～ 44：00	44：01 以上	
計	97.2	2.8	0.9	1.2	0.7	39：25
1,000 人以上	98.8	1.2	0.5	0.6	0.1	39：08
300〜999 人	99.3	0.7	0.2	0.3	0.2	39：07
100〜299 人	98.5	1.5	0.5	0.7	0.2	39：14
30〜 99 人	96.5	3.5	1.1	1.4	1.0	39：31

注：「企業平均週所定労働時間」は、企業において最も多くの労働者が適用される週所定労働時間を平均したものである。
資料：厚生労働省「令和 3 年　就労条件総合調査」

何らかの週休2日制及び完全週休2日制の普及状況

(単位：%)

年		'16(平28)	'17(平29)	'18(平30)	'19(令1)	'20(令2)	'21(令3)
企業数割合	何らかの	88.6	87.2	84.1	82.2	82.5	83.5
	完全	49.0	46.9	46.7	44.3	44.9	48.4
適用労働者数割合	何らかの	88.2	87.5	86.5	85.3	85.9	84.8
	完全	59.8	58.4	59.4	57.0	58.0	60.7

資料：厚生労働省「令和3年 就労条件総合調査」

主な週休制の形態別普及状況

(単位：%)

企業規模	全企業	週休1日制又は1日半制	何らかの週休2日制	完全週休2日制より休日日数が実質的に少ない制度	完全週休2日制	完全週休2日制より休日日数が実質的に多い制度
企業数の割合						
計	100.0	8.0	83.5	35.0	48.4	8.5
1,000人以上	100.0	4.1	83.3	16.6	66.7	12.6
300〜999人	100.0	2.9	85.2	25.2	60.0	11.9
100〜299人	100.0	5.3	84.2	30.6	53.7	10.5
30〜99人	100.0	9.5	83.0	38.0	45.0	7.4
労働者数の割合						
計	100.0	3.9	84.8	24.2	60.7	11.3
1,000人以上	100.0	1.9	84.7	11.8	72.9	13.4
300〜999人	100.0	2.5	86.5	25.0	61.5	10.9
100〜299人	100.0	4.5	83.8	29.4	54.4	11.7
30〜99人	100.0	7.9	84.5	39.3	45.1	7.6

注：1 企業割合は「1企業に2以上の週休制がある場合は、企業において最も多くの労働者が適用される週休制とした
　　2 「完全週休2日制より休日日数が実質的に少ない制度」とは、月3回、隔週、月2回、月1回の週休2日制などをいう
　　3 「完全週休2日制より休日日数が実質的に多い制度」とは、月1回以上週休3日制、3勤3休、3勤4休などをいう
資料：厚生労働省「令和3年 就労条件総合調査」

労働者1人平均年次有給休暇の付与日数、取得日数及び取得率

	合計			企業規模											
				1,000人以上			300〜999人			100〜299人			30〜99人		
	付与日数(日)	取得日数(日)	取得率(%)	付与日数(日)	取得日数(日)	取得率(%)	付与日数(日)	取得日数(日)	取得率(%)	付与日数(日)	取得日数(日)	取得率(%)	付与日数(日)	取得日数(日)	取得率(%)
平29	18.2	9.0	49.4	19.2	10.6	55.3	18.2	8.8	48.0	17.6	8.2	46.5	17.3	7.5	43.8
平30	18.2	9.3	51.1	19.1	11.2	58.4	18.0	8.6	47.6	17.7	8.4	47.6	17.5	7.7	44.3
令1	18.0	9.4	52.4	18.5	10.9	58.6	18.0	9.0	49.8	17.7	8.7	49.4	17.3	8.2	47.2
令2	18.0	10.1	56.3	18.9	11.9	63.1	17.9	9.5	53.1	17.6	9.2	52.3	17.0	8.7	51.1
令3	17.9	10.1	56.6	18.7	11.3	60.8	17.7	9.9	56.3	17.6	9.7	55.2	17.3	8.8	51.2

注：1 「付与日数」には、繰越日数を含まない
　　2 「取得日数」は、1年間に実際に取得した日数である
　　3 「取得率」は、取得日数計／付与日数計×100（%）である
資料：厚生労働省「令和3年 就労条件総合調査」

6

労働者 1 人平均年間総実労働時間の推移

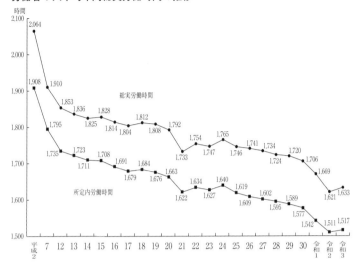

注：1　総実労働時間は所定内労働時間に所定外労働時間を加えたものである。このうち所
　　　定内労働時間は事業所の労働協約、就業規則等で定められた正規の始業時刻と終業
　　　時刻の間の実労働時間数のことであり、所定外労働時間は早出、残業、臨時の呼出、
　　　休日出勤等の実労働時間数のことである。
　　2　年間の労働時間は 1 ヶ月当たりの労働時間を 12 倍し、小数点以下第 1 位を四捨五
　　　入したものである。
資料：厚生労働省「毎月勤労統計調査」

余暇活動の参加人口

'20（令和2）年

順位	余暇活動種目	参加人口 （万人）	参加率 （％）	1回当たり 費用（円）
1	動画鑑賞（レンタル、配信を含む）	3,900	39.4	150
2	読書（仕事、勉強などを除く娯楽としての）	3,650	36.9	280
3	音楽鑑賞（配信、CD、レコード、テープ、FMなど）	3,410	34.5	170
4	国内観光旅行（避暑、避寒、温泉など）	3,390	34.3	24,860
5	ドライブ	3,340	33.8	1,550
6	外食（日常的なものは除く）	3,330	33.7	3,000
7	ウォーキング	3,290	33.2	60
8	映画（テレビは除く）	2,750	27.8	490
9	SNS、ツイッターなどのデジタルコミュニケーション	2,580	26.1	40
10	複合ショッピングセンター、アウトレットモール	2,530	25.6	1,460
11	園芸、庭いじり	2,410	24.4	350
12	体操（器具を使わないもの）	2,330	23.5	110
13	宝くじ	2,240	22.6	1,430
14	ジョギング、マラソン	2,220	22.4	210
15	ウィンドウショッピング（見て歩きなど娯楽としての）	2,140	21.6	550
16	テレビゲーム（家庭での）	2,070	20.9	250
17	温浴施設（健康ランド、クアハウス、スーパー銭湯等）	1,910	19.3	1,300
18	トランプ・オセロ・カルタ・花札など	1,860	18.8	350
19	動物園、植物園、水族館、博物館	1,790	18.1	2,780
20	トレーニング	1,750	17.7	420
20	カラオケ	1,750	17.7	1,740

資料：（公財）日本生産性本部「レジャー白書 2021」

6

余暇活動の参加希望率　上位20種目

<table>
<tr><td colspan="3">全体 (単位：%)</td><td colspan="3">男性 (単位：%)</td><td colspan="3">女性 (単位：%)</td></tr>
<tr><td>順位</td><td>種目</td><td>2020</td><td>順位</td><td>種目</td><td>2020</td><td>順位</td><td>種目</td><td>2020</td></tr>
<tr><td>1</td><td>国内観光旅行（避暑、避寒、温泉など）</td><td>70.4</td><td>1</td><td>国内観光旅行（避暑、避寒、温泉など）</td><td>66.1</td><td>1</td><td>国内観光旅行（避暑、避寒、温泉など）</td><td>74.6</td></tr>
<tr><td>2</td><td>ドライブ</td><td>42.3</td><td>2</td><td>ドライブ</td><td>42.4</td><td>2</td><td>動物園、植物園、水族館、博物館</td><td>51.9</td></tr>
<tr><td>3</td><td>動物園、植物園、水族館、博物館</td><td>42.1</td><td>3</td><td>読書（仕事、勉強などを除く娯楽としての）</td><td>37.3</td><td>3</td><td>読書（仕事、勉強などを除く娯楽としての）</td><td>43.0</td></tr>
<tr><td>4</td><td>読書（仕事、勉強などを除く娯楽としての）</td><td>40.1</td><td>4</td><td>温浴施設（健康ランド、クアハウス、スーパー銭湯等）</td><td>36.9</td><td>4</td><td>ドライブ</td><td>42.2</td></tr>
<tr><td>5</td><td>温浴施設（健康ランド、クアハウス、スーパー銭湯等）</td><td>38.8</td><td>5</td><td>ウォーキング</td><td>35.9</td><td>5</td><td>外食（日常的なものは除く）</td><td>41.2</td></tr>
<tr><td>6</td><td>外食（日常的なものは除く）</td><td>38.2</td><td>6</td><td>外食（日常的なものは除く）</td><td>35.1</td><td>6</td><td>温浴施設（健康ランド、クアハウス、スーパー銭湯等）</td><td>40.6</td></tr>
<tr><td>7</td><td>ウォーキング</td><td>36.4</td><td>6</td><td>動物園、植物園、水族館、博物館</td><td>32.3</td><td>7</td><td>複合ショッピングセンター、アウトレットモール</td><td>40.4</td></tr>
<tr><td>8</td><td>複合ショッピングセンター、アウトレットモール</td><td>34.8</td><td>8</td><td>映画（テレビは除く）</td><td>31.2</td><td>8</td><td>ウォーキング</td><td>36.9</td></tr>
<tr><td>9</td><td>映画（テレビは除く）</td><td>33.0</td><td>9</td><td>音楽鑑賞（配信、CD、レコード、テープ、FMなど）</td><td>31.1</td><td>9</td><td>海外旅行</td><td>36.0</td></tr>
<tr><td>10</td><td>海外旅行</td><td>32.9</td><td>9</td><td>バーベキュー</td><td>31.1</td><td>10</td><td>ウィンドウショッピング（見て歩きなど娯楽としての）</td><td>35.7</td></tr>
<tr><td>11</td><td>音楽鑑賞（配信、CD、レコード、テープ、FMなど）</td><td>31.3</td><td>11</td><td>動画鑑賞（レンタル、配信を含む）</td><td>30.0</td><td>11</td><td>ピクニック、ハイキング、野外散歩</td><td>35.2</td></tr>
<tr><td>12</td><td>ピクニック、ハイキング、野外散歩</td><td>31.2</td><td>12</td><td>海外旅行</td><td>29.8</td><td>12</td><td>映画（テレビは除く）</td><td>34.8</td></tr>
<tr><td>13</td><td>バーベキュー</td><td>30.8</td><td>13</td><td>複合ショッピングセンター、アウトレットモール</td><td>29.2</td><td>13</td><td>遊園地</td><td>33.1</td></tr>
<tr><td>14</td><td>動画鑑賞（レンタル、配信を含む）</td><td>27.6</td><td>14</td><td>ジョギング、マラソン</td><td>28.9</td><td>14</td><td>音楽会、コンサートなど</td><td>33.0</td></tr>
<tr><td>14</td><td>遊園地</td><td>27.6</td><td>15</td><td>ピクニック、ハイキング、野外散歩</td><td>27.1</td><td>15</td><td>音楽鑑賞（配信、CD、レコード、テープ、FMなど）</td><td>31.4</td></tr>
<tr><td>16</td><td>ウィンドウショッピング（見て歩きなど娯楽としての）</td><td>26.5</td><td>16</td><td>宝くじ</td><td>24.5</td><td>16</td><td>ファッション（楽しみとしての）</td><td>30.8</td></tr>
<tr><td>17</td><td>音楽会、コンサートなど</td><td>26.0</td><td>16</td><td>SNS、ツイッターなどのデジタルコミュニケーション</td><td>22.9</td><td>17</td><td>バーベキュー</td><td>30.5</td></tr>
<tr><td>18</td><td>園芸、庭いじり</td><td>23.5</td><td>17</td><td>遊園地</td><td>22.1</td><td>18</td><td>体操（器具を使わないもの）</td><td>28.7</td></tr>
<tr><td>18</td><td>SNS、ツイッターなどのデジタルコミュニケーション</td><td>23.5</td><td>19</td><td>テレビゲーム（家庭での）</td><td>21.8</td><td>19</td><td>催し物、博覧会</td><td>27.8</td></tr>
<tr><td>20</td><td>ジョギング、マラソン</td><td>23.0</td><td>20</td><td>スポーツ観戦（テレビは除く）</td><td>21.6</td><td>20</td><td>園芸、庭いじり</td><td>27.0</td></tr>
<tr><td>20</td><td>催し物、博覧会</td><td>23.0</td><td></td><td></td><td></td><td></td><td></td><td></td></tr>
</table>

資料：（公財）日本生産性本部「レジャー白書2021」

余暇市場の概要

（単位：億円、%）

	平成28年 2016	平成29年 2017	平成30年 2018	令和元年 2019	令和2年 2020	伸び率（%）'19/18	'20/19
スポーツ部門	40,280	40,760	41,270	41,860	35,190	1.4	▲ 15.9
趣味・創作部門	79,860	77,880	75,170	75,360	68,190	0.3	▲ 9.5
娯楽部門	494,960	491,070	489,890	490,410	383,610	0.1	▲ 21.8
観光・行楽部門	105,560	108,330	112,780	115,440	65,050	2.4	▲ 43.7
余暇市場	720,660	718,040	719,110	723,070	552,040	0.6	▲ 23.7
対国内総生産（支出側）	13.2	13.0	12.9	12.9	10.3	▲ 0.1	▲ 20.7
対民間最終消費支出（名目）	24.2	23.8	23.6	23.7	19.1	0.4	▲ 19.1
国内総生産（支出側）	5,443,646	5,530,730	5,561,896	5,598,267	5,386,091	0.7	▲ 3.8
民間最終消費支出（名目）	2,977,756	3,020,536	3,050,327	3,056,184	2,884,061	0.2	▲ 5.6

資料：（公財）日本生産性本部「レジャー白書2021」
注1：「国内総生産（支出側、名目）」「民間最終消費支出（名目）」は、内閣府「国民経済計算（GDP統計）」における2020年3月9日公表の「四半期別GDP速報」による暦年の数字

7. 世界の観光

国際観光客到着数及び国際観光収入 （総数）

年	観光客数（百万人）	観光収入（十億ドル）
'10（平22）	956.7	1,001.1
'18（平30）	1,412.7	1,455.3
'19（令1）	1,466.0	1,483.4
'20（令2）	409.5	548.2
'21（令3）	446.2	620.9

注：2022年10月現在（暫定値）
資料：世界観光機関（UNWTO）資料をもとに日本観光振興協会にて作成

地域別国際観光客到着数及び国際観光収入

（単位：上段（人数）：百万人、下段（収入）：十億ドル）

地域	'19（令1）観光客到着数／観光収入	構成比	'21（令3）観光客到着数／観光収入	構成比
ヨーロッパ	746	50.9	303（△59.4）	67.9
	574	38.7	310（△46.0）	49.9
アジア・太平洋	360	24.5	21（△94.3）	4.6
	441	29.8	94（△78.7）	15.1
米州	219	15.0	82（△62.5）	18.4
	330	22.3	140（△57.6）	22.5
アフリカ	68	4.6	19（△72.2）	4.2
	39	2.6	16（△57.8）	2.6
中東	73	5.0	21（△70.7）	4.8
	99	6.7	61（△38.5）	9.8
計	1,466	100.0	446（△69.6）	100.0
	1,483	100.0	621（△58.2）	100.0

注：1　2022年10月現在（暫定値）による
　　2　（ ）内は、対2019年増減率（％）を示す
　　3　△は減少を示す
　　4　端数処理の関係で、構成比の合計が100にならない箇所がある
資料：世界観光機関（UNWTO）資料をもとに日本観光振興協会にて作成

7

国際観光収入ランキング （2020年（令和2年））

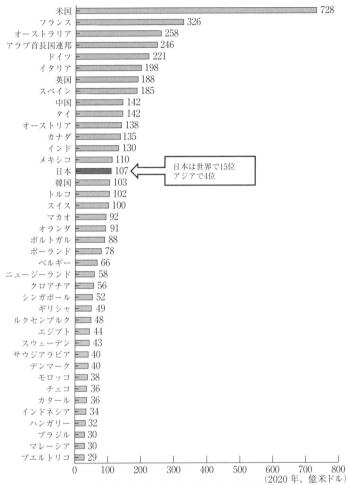

米国	728
フランス	326
オーストラリア	258
アラブ首長国連邦	246
ドイツ	221
イタリア	198
英国	188
スペイン	185
中国	142
タイ	142
オーストリア	138
カナダ	135
インド	130
メキシコ	110
日本	107
韓国	103
トルコ	102
スイス	100
マカオ	92
オランダ	91
ポルトガル	88
ポーランド	78
ベルギー	66
ニュージーランド	58
クロアチア	56
シンガポール	52
ギリシャ	49
ルクセンブルク	48
エジプト	44
スウェーデン	43
サウジアラビア	40
デンマーク	40
モロッコ	38
チェコ	36
カタール	36
インドネシア	34
ハンガリー	32
ブラジル	30
マレーシア	30
プエルトリコ	29

日本は世界で15位
アジアで4位

（2020年、億米ドル）

注：1 UNWTO（国連世界観光機関）、各国政府観光局資料に基づき観光庁作成。
　　2 本表の数値は2022年（令和4年）5月時点の暫定値である。
　　3 本表の国際観光収入には、国際旅客運賃が含まれていない。
　　4 国際観光収入は、数値が追って新たに発表されることや、さかのぼって更新されることがある。
　　　また、国際観光収入を米ドルに換算する際、その時ごとに為替レートの影響を受け、数値が変
　　　動する。そのため、数値の採用時期によって、そのつど順位が変わり得る。
出典：国土交通省観光庁「観光白書」令和4年版

国際観光支出ランキング （2020 年（令和 2 年））

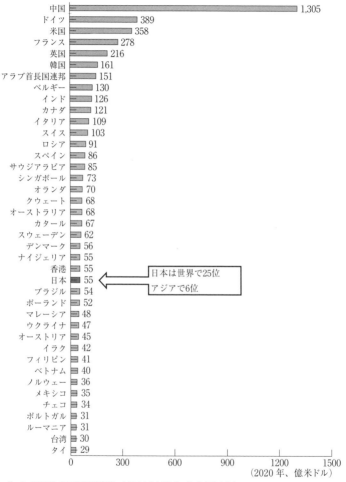

国	億米ドル
中国	1,305
ドイツ	389
米国	358
フランス	278
英国	216
韓国	161
アラブ首長国連邦	151
ベルギー	130
インド	126
カナダ	121
イタリア	109
スイス	103
ロシア	91
スペイン	86
サウジアラビア	85
シンガポール	73
オランダ	70
クウェート	68
オーストラリア	68
カタール	67
スウェーデン	62
デンマーク	56
ナイジェリア	55
香港	55
日本	55
ブラジル	54
ポーランド	52
マレーシア	48
ウクライナ	47
オーストリア	45
イラク	42
フィリピン	41
ベトナム	40
ノルウェー	36
メキシコ	35
チェコ	34
ポルトガル	31
ルーマニア	31
台湾	30
タイ	29

日本は世界で25位
アジアで6位

(2020 年、億米ドル)

注：1　UNWTO（国連世界観光機関）、各国政府観光局資料に基づき観光庁作成。
　　2　本表の数値は2022年（令和 4 年）5 月時点の暫定値である。
　　3　イランは、2020年（令和 2 年）の数値が未発表であるが、新型コロナウイルス感染症の影響により、2019年（令和元年）以前の数値と大きく異なることが想定されるため、過去の数値を記載しないこととする。
　　4　本表の国際観光支出には、国際旅客運賃が含まれていない。
　　5　国際観光支出は、数値が追って新たに発表されることや、さかのぼって更新されることがある。また、国際観光支出を米ドルに換算する際、その時ごとに為替レートの影響を受け、数値が変動する。
出典：国土交通省観光庁「観光白書」令和 4 年版

国際コンベンションの国別開催件数

（単位：件）

国　　　名	'16（平28）		'17（平29）		'18（平30）		'19（令1）		'20（令2）	
シンガポール	(3)	888	(2)	877	(1)	1238	(1)	1,205	(1)	780
ア メ リ カ	(4)	702	(5)	575	(4)	616	(4)	750	(2)	438
ベ ル ギ ー	(2)	953	(3)	810	(3)	857	(3)	1,094	(3)	338
韓　　　国	(1)	997	(1)	1,297	(2)	890	(2)	1,113	(4)	256
日　　　本	(5)	523	(6)	523	(5)	597	(5)	719	(5)	225
イ ギ リ ス	(12)	266	(11)	307	(9)	333	(8)	418	(6)	186
全　　　体		10,526		10,354		11,035		13,144		4,211

注：（　）内の数値は当該年次の順位
資料：国際団体連合（UIA）資料に基づき、日本政府観光局（JNTO）が作成
　　　https://mice.jnto.go.jp

国際コンベンションの都市別開催件数

（単位：件）

都市名	'16（平28）		'17（平29）		'18（平30）		'19（令1）		'20（令2）	
シンガポール	(2)	888	(1)	877	(1)	1,238	(1)	1,205	(1)	780
ブリュッセル	(1)	906	(2)	763	(2)	734	(2)	963	(2)	290
ソ ウ ル	(3)	526	(3)	688	(3)	439	(3)	609	(3)	150
東　　　京	(6)	225	(5)	269	(5)	325	(6)	305	(4)	122
ウ ィ ー ン	(5)	304	(4)	515	(4)	404	(5)	325	(5)	109
ロ ン ド ン	(20)	98	(11)	166	(8)	186	(8)	217	(6)	101
ジュネーブ	(10)	162	(13)	158	(11)	145	(13)	173	(7)	77
全　　　体		10,526		10,354		11,035		13,144		4,211

注：1　数値は全て発表年のもの
　　2　（　）内の数値は当該年次の順位
資料：国際団体連合（UIA）資料に基づき、日本政府観光局（JNTO）が作成
　　　https://mice.jnto.go.jp
　　　UIA 統計基準：
　　　1. 国際機関・国際団体の本部が主催又は後援した会議※
　　　①参加国数3ヵ国以上、②開催期間1日以上
　　　2. 国内団体もしくは国際団体支部等が主催した会議
　　　①参加人数300人以上、②参加国数5ヵ国以上で最低40%が国外参加者、③開催期間
　　　3日以上
　　　※主催者が「国際機関・国際団体」でないと判断された場合でも、会議名・展示会併
　　　設の有無・事務局の有無等の情報を総合的に勘案し、1.に該当する会議とみなされ
　　　る場合もある

8. 日本の国際観光の動向

我が国の国際観光旅行収支の推移

(単位：億円)

区分	年	'17 (平 29)	'18 (平 30)	'19 (令 1)	'20 (令 2)	'21 (令 3)
国際観光収支 (旅客輸送を 含まない)	受取	38,197	46,484	50,204	11,425	5,192
	支払	20,401	22,324	23,181	5,873	3,107
	収支	17,796	24,160	27,023	5,552	2,084
国際観光収支 (旅客輸送を 含む)	受取	41,465	49,995	53,643	12,287	5,734
	支払	28,908	31,046	31,755	7,299	3,609
	収支	12,556	18,949	21,889	4,988	2,125
貿易収支	受取	772,535	812,263	757,753	672,629	822,837
	支払	723,422	800,998	756,250	644,851	806,136
	収支	49,113	11,265	1,503	27,779	16,701

注：1　財務省資料に基づき観光庁作成
　　2　「国際観光収支」は、以下の定義に基づき観光庁で集計したものである。
　　　　「国際観光収支（旅客輸送を含まない）」は国際収支統計の旅行収支をいい、
　　　　「国際観光収支（旅客輸送を含む）」は上記の旅行収支に輸送収支のうち
　　　　旅客輸送に係るサービスの収支を合算したものである。
出典：国土交通省観光庁「観光白書」令和 4 年版

旅行者 1 人当たりの消費額（航空運賃を除く）

(単位：千円)

	'17 (平 29)	'18 (平 30)	'19 (令 1)	'20 (令 2)	'21 (令 3)
訪　日　外　客*1	133	149	157	278	2,112
日　本　人　海　外*2	114	118	115	185	607

注：1　国際観光収支（旅客輸送を含まない）の「受取」÷訪日外客数
　　2　国際観光収支（旅客輸送を含まない）の「支払」÷日本人海外旅行者数
資料：国土交通省観光庁「観光白書」令和 4 年版、日本政府観光局（JNTO）資料、
　　　法務省「令和 3 年における外国人入国者数及び日本人出国者数等について」
　　　をもとに（公社）日本観光振興協会にて作成

8

旅行収支と主要品目の輸出入額

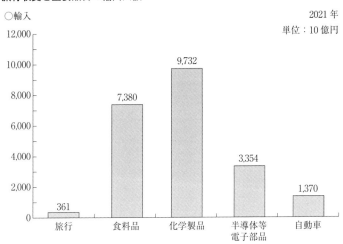

○輸入

2021年
単位：10億円

○輸出

2021年
単位：10億円

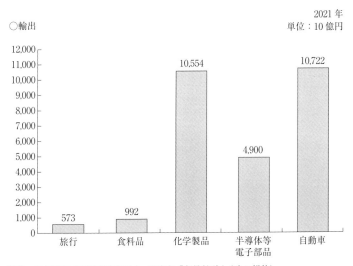

資料：日本銀行「国際収支統計」、財務省「貿易統計」（確々報値）

旅行マーケットの構造

旅行費用の負担者別に見るシェア（2020年）　　　　　　　　　　　　　　　　　　（％）

費用負担者	市場区分	国内旅行	海外旅行
個人負担	個人で実施する観光旅行 帰省や家事のための旅行 組織が募集する団体旅行	77.7	66.7
法人負担	出張や業務旅行 会社がらみの団体旅行	17.4	24.6
その他の旅行		4.9	8.7

旅行形態別に見るシェア（2020年）　　　　　　　　　　　　　　　　　　　　　　（％）

旅行形態	市場区分	国内旅行	海外旅行
個人旅行	個人で実施する観光旅行 帰省や家事のための旅行 出張や業務旅行	86.1	72.1
団体旅行	組織が募集する団体旅行 会社がらみの団体旅行	8.9	19.3
その他の旅行		4.9	8.7

出典：（公財）日本交通公社　「旅行年報　2021」

主要各国の出国者数・出国率・外国人訪問者数・受入率

（単位：千人、％）

国籍	人口		出国者数		出国率	外国人訪問者数		受入率
日　　　　　本	126,476	a	3,174	a	2.5	4,116	a	3.3
韓　　　　　国	51,269	a	3,689	a	7.2	2,519	a	4.9
中　　　　　国	1,439,324	a	154,632	b	10.7	65,700	b	4.6
台　　　　　湾	23,817	a	2,336	a	9.8	1,378	a	5.8
香　　　　　港	7,497	a	1,861	a	24.8	1,359	a	18.1
フ ィ リ ピ ン	109,581	a	－	－	－	1,483	a	1.4
ベ ト ナ ム	97,339	a	－	－	－	3,837	a	3.9
タ　　　　　イ	69,800	a	10,446	b	15.0	6,702	a	9.6
マ レ ー シ ア	32,366	a	－	－	－	4,333	a	13.4
シンガポール	5,850	a	1,543	a	26.4	2,742	a	46.9
インドネシア	273,524	a	11,688	b	4.3	4,053	a	1.5
イ ン ド	1,380,004	a	26,915	b	2.0	17,914	b	1.3
豪　　　　　州	25,500	a	2,832	a	11.1	1,828	a	7.2
米　　　　　国	331,003	a	33,499	a	10.1	19,445	a	5.9
カ ナ ダ	37,742	a	8,971	a	23.8	2,960	a	7.8
メ キ シ コ	128,933	a	19,810	b	15.4	44,499	a	34.5
英　　　　　国	67,886	a	23,827	a	35.1	11,101	a	16.4
フ ラ ン ス	65,274	a	30,407	a	46.6	89,322	c	136.8
オ ラ ン ダ	17,135	a	20,871	c	121.8	7,265	a	42.4
ド イ ツ	83,784	a	99,533	a	118.8	12,449	a	14.9
イ タ リ ア	60,462	a	34,703	b	57.4	25,190	a	41.7
ス ペ イ ン	46,755	a	19,845	b	42.4	18,958	a	40.5
ロ　シ　ア	145,934	a	12,361	a	8.5	6,359	a	4.4

注：1　本表の数値の右側に記載されたa・b・cは、数値の該当年を表す　a：2020年　b：2019年　c：2018年
　　2　本表の数値は2021年6月現在のものである。
　　3　「香港」からの出国者数は日帰り客を含む香港人空路出国者数のみを計上した。
　　4　出国率（出国者数／人口）、受入率（入国者数／人口）は、便宜的に上記表中の数値を使って計算した。

出典：日本政府観光局（JNTO）「日本の国際観光統計（2020年版）」
　　　（出典をもとに（公社）日本観光振興協会にて編集。）

8

世界各国・地域からの出国者数

(2019年 上位40位)

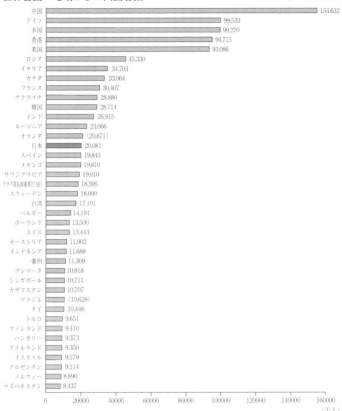

国・地域	出国者数（千人）
中国	154,632
ドイツ	99,533
米国	99,270
香港	94,715
英国	93,086
ロシア	45,330
イタリア	34,703
カナダ	33,064
フランス	30,407
ウクライナ	28,880
韓国	28,714
インド	26,915
ルーマニア	23,066
オランダ	(20,871)
日本	20,081
スペイン	19,845
メキシコ	19,810
サウジアラビア	19,010
アラブ首長国連邦（UAE）	18,395
スウェーデン	18,000
台湾	17,101
ベルギー	14,191
ポーランド	13,500
スイス	13,443
オーストリア	11,902
インドネシア	11,688
豪州	11,309
デンマーク	10,818
シンガポール	10,711
カザフスタン	10,707
ブラジル	(10,628)
タイ	10,446
トルコ	9,651
フィンランド	9,410
ハンガリー	9,373
アイルランド	9,350
イスラエル	9,179
アルゼンチン	9,114
ノルウェー	8,890
ウズベキスタン	8,437

注1： 本表の数値は2021年6月時点の暫定値である。
 2： オランダ、ブラジルは2019年の数値が不明であるため、2018年の数値を採用した。
 3： 出国者数は、数値が追って新たに発表されたり、さかのぼって更新されることがあるため、数値の採用時期によって、その都度順位が変わり得る。
 4： 本表で採用した数値は、香港、英国、ロシア、韓国、ルーマニア、日本、台湾、豪州、カザフスタン、アイルランド、ウズベキスタンを除き、原則的に1泊以上した出国者数である。

出典：日本政府観光局（JNTO）「日本の国際観光統計（2020年版）」

世界各国・地域への外国人訪問者数

(2020 年上位 40 位)

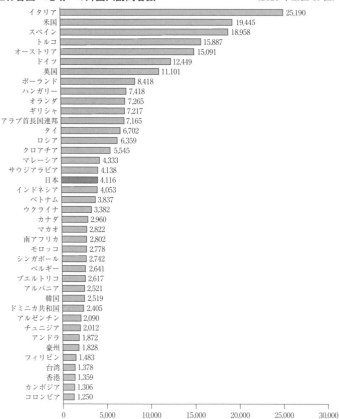

国・地域	数値（千人）
イタリア	25,190
米国	19,445
スペイン	18,958
トルコ	15,887
オーストリア	15,091
ドイツ	12,449
英国	11,101
ポーランド	8,418
ハンガリー	7,418
オランダ	7,265
ギリシャ	7,217
アラブ首長国連邦	7,165
タイ	6,702
ロシア	6,359
クロアチア	5,545
マレーシア	4,333
サウジアラビア	4,138
日本	4,116
インドネシア	4,053
ベトナム	3,837
ウクライナ	3,382
カナダ	2,960
マカオ	2,822
南アフリカ	2,802
モロッコ	2,778
シンガポール	2,742
ベルギー	2,641
プエルトリコ	2,617
アルバニア	2,521
韓国	2,519
ドミニカ共和国	2,405
アルゼンチン	2,090
チュニジア	2,012
アンドラ	1,872
豪州	1,828
フィリピン	1,483
台湾	1,378
香港	1,359
カンボジア	1,306
コロンビア	1,250

注1：　本表の数値は 2021 年 6 月時点の暫定値である。
　2：　COVID-19 の影響を避けるため、2020 年の数値が収集できた国のみで比較を行って
　　　いる。
　3：　本表で採用した数値は、英国、日本、インドネシア、ロシア、ベトナム、シンガポー
　　　ル、韓国、台湾、豪州を除き、原則的に 1 泊以上した外国人訪問者数である。
　4：　外国人訪問者数は、数値が追って新たに発表されたり、さかのぼって更新される
　　　ことがあるため、数値の採用時期によって、その都度順位が変わり得る。
　5：　外国人訪問者数は、各国・地域ごとに日本とは異なる統計基準により算出・公表
　　　されている場合があるため、これを比較する際には注意を要する。

出典：日本政府観光局（JNTO）「日本の国際観光統計（2020 年版）」

為替相場と旅行者数の変遷

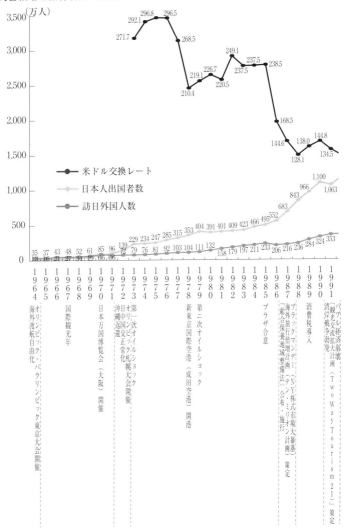

資料：法務省「出入国管理統計」、日本政府観光局（JNTO）「訪日外客数」、日本銀行

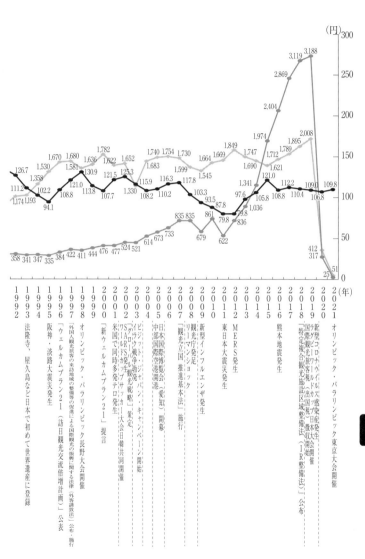

(円)

300

250

200

150

100

50

年	イベント
1992	法隆寺、屋久島など日本で初めて世界遺産に登録
1995	阪神・淡路大震災発生
1996	「ウェルカムプラン21（訪日観光交流倍増計画）」公表
1997	「外国人観光旅客の来訪地域の整備等による国際観光の振興に関する法律（外客誘致法）」公布・施行
1998	オリンピック・パラリンピック長野大会開催
1999	「新ウェルカムプラン21」提言
2001	米国で同時多発テロ発生
2002	ビジット・ジャパン・キャンペーン開始
2003	「グローバル観光戦略」策定
2004	「ビジット・ワールド・キャンペーン」開始
2005	日本国際博覧会（愛知）開幕
2005	中部国際空港開港
2006	「観光立国推進基本法」施行
2007	観光庁発足
2008	リーマンショック
2009	新型インフルエンザ発生
2011	東日本大震災発生
2015	MERS発生
2016	熊本地震発生
2018	ラグビーワールドカップ日本大会開催
2018	国際観光旅客税導入開始
2018	「特定複合観光施設区域整備法（IR整備法）」公布
2020	新型コロナウイルス感染症発生
2021	オリンピック・パラリンピック東京大会開催

世界の主要空港と日本の5大空港との比較

国名	米国	米国	英国	フランス	ドイツ
都市名	シカゴ	アトランタ	ロンドン	パリ	フランクフルト
空港名	O'Hare International Airport	Hartsfield-Jackson Atlanta International Airport	London Heathrow Airport	Paris Charles de Gaulle Airport	Frankfurt International Airport
IATA 空港コード	ORD	ATL	LHR	CDG	FRA
滑走路数	8	5	2	4	4
2021年 年間総発着数	684,201	707,661	190,032	250,111	261,927
2021年 年間取扱旅客数	54,024,784	75,704,760	19,393,145	26,196,575	24,814,921

国名	シンガポール	中国	中国	韓国
都市名	シンガポール	香港	北京	ソウル（仁川）
空港名	Singapore Changi Airport	Hong Kong International Airport	Beijing Capital International Airport	Incheon International Airport
IATA 空港コード	SIN	HKG	PEK	ICN
滑走路数	2	3	3	3
2021年 年間総発着数	108,892	144,810	9,777,362	131,027
2021年 年間取扱旅客数	3,052,925	1,344,877	907,482,935	3,198,909

国名	日本				
都市名	東京	千葉	大阪	大阪	名古屋
空港名	東京国際空港（羽田空港）	成田国際空港	関西国際空港	大阪国際空港（伊丹空港）	中部国際空港
IATA 空港コード	HND	NRT	KIX	ITM	NGO
滑走路数	4	2	2	2	1
2021年 年間総発着数	274,248	129,776	66,637	93,488	48,505
2021年 年間取扱旅客数	26,614,178	5,244,194	3,072,064	6,770,089	2,543,970

注：東京国際空港（羽田空港）の年間総発着数は、国土交通省「令和3年空港管理状況調査」の「着陸回数」を2倍した概数である。

（資料）
・各空港HP
・Chicago Department of Aviation
・Hartsfield-Jackson Atlanta International Airport
・Heathrow Airport Limited
・Aéroports de Paris
・Fraport AG
・Singapore Department of Statistics
・Hong Kong Civil Aviation Department
・中国民用航空局
・仁川国際空港公社
・東京国際空港ターミナル（株）
・日本空港ビルディング（株）
・成田国際空港（株）
・関西エアポート（株）
・中部国際空港（株）
・国土交通省
・International Air Transport Association（IATA）

目的別訪日外国人旅行者数の推移

(単位：人)

	合計	観光客	商用客 その他の客
'16（平28）	24,039,700 [100.0] (121.8)	21,049,676 [88.0] (124.0)	2,990,024 [12.0] (108.0)
'17（平29）	28,691,073 [100.0] (119.3)	25,441,593 [88.7] (120.9)	3,249,480 [11.3] (108.7)
'18（平30）	31,191,856 [100.0] (108.7)	27,766,112 [89.0] (109.1)	3,425,744 [11.0] (105.4)
'19（令1）	31,882,049 [100.0] (102.2)	28,257,141 [88.6] (101.8)	3,624,908 [11.4] (105.8)
'20（令2）	4,115,828 [100.0] (12.9)	3,312,230 [80.5] (11.7)	803,598 [19.5] (22.2)
'21（令3）	245,862 [100.0] (6.0)	66,387 [27.0] (2.0)	179,475 [73.0] (22.3)

注：［ ］内は構成比（％）を、（ ）内は前年比（％）を示す。
出典：日本政府観光局（JNTO）

出国外国人の日本での滞在期間（短期滞在）

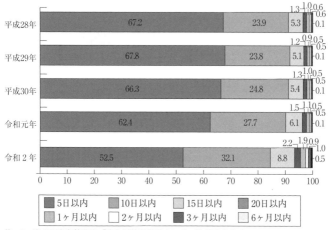

注：1　出入国在留管理庁「出入国管理統計」に基づき観光庁作成。
　　2　滞在期間が6月以内の出国外国人（短期滞在）の人数について集計した。
出典：国土交通省観光庁「令和4年版 観光白書」

州別、国・地域別訪日外国人旅行者数の推移

州名	国・地域名	'19 (令1) 人数(人)	構成比(%)	前年比(%)	'20 (令2) 人数(人)	構成比(%)	前年比(%)	'21 (令3) 人数(人)	構成比(%)	前年比(%)
北アメリカ州	米　　　国	1,723,861	5.4	112.9	219,307	5.3	12.7	20,026	8.1	9.1
	カ　ナ　ダ	375,262	1.2	113.5	53,365	1.3	14.2	3,536	1.4	6.6
	メ キ シ コ	71,745	0.2	104.8	9,528	0.2	13.3	1,124	0.5	11.8
	そ の 他	16,689	0.1	117.0	2,629	0.1	15.8	1,552	0.6	59.0
	小　　　計	2,187,557	6.9	112.8	284,829	6.9	13.0	26,238	10.7	9.2
南アメリカ州	ブ ラ ジ ル	47,575	0.1	107.6	6,888	0.2	14.5	2,731	1.1	39.6
	そ の 他	63,625	0.2	105.0	11,334	0.3	17.8	2,473	1.0	21.8
	小　　　計	111,200	0.3	106.1	18,222	0.4	16.4	5,204	2.1	28.6
ヨーロッパ州	英　　　国	424,279	1.3	127.0	51,024	1.2	12.0	7,294	3.0	14.3
	フ ラ ン ス	336,333	1.1	110.3	43,102	1.0	12.8	7,024	2.9	16.3
	ド　イ　ツ	236,544	0.7	109.8	29,785	0.7	12.6	5,197	2.1	17.4
	イ タ リ ア	162,769	0.5	108.5	13,691	0.3	8.4	3,527	1.4	25.8
	ロ　シ　ア	120,043	0.4	126.6	22,260	0.5	18.5	3,723	1.5	16.7
	ス ペ イ ン	130,243	0.4	109.5	11,741	0.3	9.0	3,053	1.2	26.0
	オ ラ ン ダ	79,479	0.2	110.3	8,481	0.2	10.7	1,860	0.8	21.9
	スウェーデン	53,836	0.2	100.0	7,622	0.2	14.2	1,112	0.5	14.6
	ス　イ　ス	53,908	0.2	103.5	6,036	0.1	11.2	1,387	0.6	23.0
	ベ ル ギ ー	39,245	0.1	114.1	4,074	0.1	10.4	1,122	0.5	27.5
	デ ン マ ー ク	32,893	0.1	112.8	4,780	0.1	14.5	794	0.3	16.6
	アイルランド	39,387	0.1	193.8	3,270	0.1	8.3	820	0.3	25.1
	そ の 他	277,570	0.9	115.5	35,031	0.9	12.6	15,325	6.2	43.7
	小　　　計	1,986,529	6.2	115.5	240,897	5.9	12.1	52,238	21.2	21.7
アフリカ州		55,039	0.2	144.3	7,840	0.2	14.2	6,769	2.8	86.3
アジア州	韓　　　国	5,584,597	17.5	74.1	487,939	11.9	8.7	18,947	7.7	3.9
	中　　　国	9,594,394	30.1	114.5	1,069,256	26.0	11.1	42,239	17.2	4.0
	台　　　湾	4,890,602	15.3	102.8	694,476	16.9	14.2	5,016	2.0	0.7
	香　　　港	2,290,792	7.2	103.8	346,020	8.4	15.1	1,252	0.5	0.4
	タ　　　イ	1,318,977	4.1	116.5	219,830	5.3	16.7	2,758	1.1	1.3
	シンガポール	492,252	1.5	112.6	55,273	1.3	11.2	857	0.3	1.6
	マ レ ー シ ア	501,592	1.6	107.1	76,573	1.9	15.3	1,831	0.7	2.4
	インドネシア	412,779	1.3	104.0	77,724	1.9	18.8	5,209	2.1	6.7
	フ ィ リ ピ ン	613,114	1.9	121.7	109,110	2.7	17.8	5,625	2.3	5.2
	イ　ン　ド	175,896	0.6	114.2	26,931	0.7	15.3	8,831	3.6	32.8
	そ の 他	944,283	3.0	120.9	240,415	5.8	25.5	57,862	23.5	24.1
	小　　　計	26,819,278	84.1	100.2	3,403,547	82.7	12.7	150,427	61.2	4.4
オセアニア州	豪　　　州	621,771	2.0	112.5	143,508	3.5	23.1	3,265	1.3	2.3
	ニュージーランド	94,115	0.3	128.6	16,070	0.4	17.1	1,404	0.6	8.7
	そ の 他	5,832	0.0	119.5	808	0.0	13.9	284	0.1	35.1
	小　　　計	721,718	2.3	114.5	160,386	3.9	22.2	4,953	2.0	3.1
無　国　籍		728	0.0	108.2	107	0.0	14.7	33	0.0	30.8
合　　　計		31,882,049	100.0	102.2	4,115,828	100.0	12.9	245,862	100.0	6.0

出典：日本政府観光局（JNTO）

外国人旅行者訪問率上位都道府県の推移

（単位：%）

	平成27年			平成28年			平成29年			平成30年			令和元年			令和2年	
1	東京都	52.1	1	東京都	48.2	1	東京都	46.2	1	東京都	45.6	1	東京都	47.2	1	東京都	47.5
2	千葉県	44.4	2	千葉県	39.7	2	大阪府	38.7	2	大阪府	36.6	2	大阪府	38.6	2	千葉県	37.5
3	大阪府	36.3	3	大阪府	39.1	3	千葉県	36.0	3	千葉県	35.6	3	千葉県	35.1	3	大阪府	33.4
4	京都府	24.4	4	京都府	27.5	4	京都府	25.9	4	京都府	25.8	4	京都府	27.8	4	京都府	21.5
5	神奈川県	11.3	5	福岡県	9.9	5	福岡県	9.8	5	福岡県	10.4	5	奈良県	11.7	5	北海道	11.2
6	愛知県	9.8	6	神奈川県	9.6	6	愛知県	8.9	6	奈良県	8.9	6	愛知県	9.0	6	愛知県	8.2
7	福岡県	9.5	7	愛知県	9.5	7	神奈川県	8.5	7	北海道	7.9	7	福岡県	8.7	7	福岡県	8.0
8	北海道	8.1	8	北海道	8.1	8	北海道	7.7	8	愛知県	7.8	8	北海道	7.8	8	奈良県	7.6
9	兵庫県	6.5	9	奈良県	6.9	9	沖縄県	7.3	9	神奈川県	7.5	9	神奈川県	7.8	9	神奈川県	5.6
10	山梨県	6.3	10	沖縄県	6.7	10	奈良県	7.3	10	沖縄県	6.8	10	沖縄県	6.1	10	兵庫県	5.6
11	沖縄県	6.1	11	兵庫県	6.2	11	兵庫県	5.5	11	兵庫県	6.0	11	兵庫県	6.0	11	沖縄県	5.2
12	静岡県	5.4	12	山梨県	5.5	12	山梨県	5.4	12	山梨県	4.6	12	山梨県	5.5	12	長野県	5.0
13	奈良県	5.2	13	静岡県	5.4	13	静岡県	4.7	13	大分県	4.2	13	静岡県	4.8	13	山梨県	4.9
14	大分県	4.2	14	大分県	3.7	14	大分県	4.2	14	静岡県	4.2	14	大分県	3.3	14	岐阜県	3.5
15	長野県	3.9	15	広島県	3.5	15	広島県	3.0	15	広島県	2.9	15	広島県	3.0	15	静岡県	3.1
	延べ訪問率	262.4		延べ訪問率	257.7		延べ訪問率	246.3		延べ訪問率	243.4		延べ訪問率	252.3		延べ訪問率	238.9

注：令和2年は1～3月期の値（それ以降は新型コロナウイルス感染症の影響により調査中止）
資料：国土交通省観光庁「訪日外国人消費動向調査」

国籍別／目的別　訪日外客数　(2021 年)

国・地域	総数				観光客				商用客				その他客			
	総計	伸率%	縦構成比%	横構成比%	計	伸率%	縦構成比%	横構成比%	計	伸率%	縦構成比%	横構成比%	計	伸率%	縦構成比%	横構成比%
総数	245,862	− 94.0	100.0	100.0	66,387	− 98.0	100.0	27.0	18,344	− 91.5	100.0	7.5	161,131	− 72.6	100.0	65.5
アジア	150,427	− 95.6	61.2	100.0	12,861	− 99.5	19.4	8.5	11,828	− 91.3	64.5	7.9	125,738	− 75.6	78.0	83.6
韓国	18,947	− 96.1	7.7	100.0	2,089	− 99.5	3.1	11.0	2,241	− 94.3	12.2	11.8	14,617	− 74.5	9.1	77.1
中国	42,239	− 96.0	17.2	100.0	3,851	− 99.6	5.8	9.1	3,836	− 88.6	20.9	9.1	34,552	− 79.7	21.4	81.8
台湾	5,016	− 99.3	2.0	100.0	590	− 99.9	0.9	11.8	590	− 96.1	3.2	11.8	3,836	− 87.6	2.4	76.5
香港	1,252	− 99.6	0.5	100.0	377	− 99.9	0.6	30.1	237	− 94.7	1.3	18.9	638	− 83.6	0.4	51.0
タイ	2,758	− 98.7	1.1	100.0	498	− 99.8	0.8	18.1	354	− 94.2	1.9	12.8	1,906	− 81.6	1.2	69.1
シンガポール	857	− 98.4	0.3	100.0	300	− 99.4	0.5	35.0	126	− 96.9	0.7	14.7	431	− 70.6	0.3	50.3
マレーシア	1,831	− 97.6	0.7	100.0	321	− 99.5	0.5	17.5	260	− 93.2	1.4	14.2	1,250	− 74.3	0.8	68.3
インドネシア	5,209	− 93.3	2.1	100.0	415	− 99.2	0.6	8.0	142	− 95.8	0.8	2.7	4,652	− 75.8	2.9	89.3
フィリピン	5,625	− 94.8	2.3	100.0	484	− 99.4	0.7	8.6	247	− 95.2	1.3	4.4	4,894	− 77.0	3.0	87.0
ベトナム	26,586	− 82.6	10.8	100.0	196	− 98.9	0.3	0.7	300	− 94.3	1.6	1.1	26,090	− 79.9	16.2	98.1
インド	8,831	− 67.2	3.6	100.0	552	− 89.8	0.8	6.3	449	− 93.9	2.4	5.1	7,830	− 44.7	4.9	88.7
中東地域	2,856	− 63.4	1.2	100.0	1,395	− 71.3	2.1	48.8	230	− 81.0	1.3	8.1	1,231	− 29.1	0.8	43.1
イスラエル	619	− 73.3	0.3	100.0	396	− 74.0	0.6	64.0	46	− 91.8	0.3	7.4	177	− 23.4	0.1	28.6
トルコ	1,161	− 59.8	0.5	100.0	545	− 68.1	0.8	46.9	96	− 80.2	0.5	8.3	520	− 25.1	0.3	44.8
GCC6 か国	1,076	− 58.7	0.4	100.0	454	− 72.1	0.7	42.2	88	− 47.6	0.5	8.2	534	− 34.2	0.3	49.6
マカオ	54	− 99.6	0.0	100.0	7	− 99.9	0.0	13.0	4	− 95.3	0.0	7.4	43	− 81.6	0.0	79.6
モンゴル	1,685	− 76.3	0.7	100.0	251	− 90.5	0.4	14.9	63	− 87.4	0.3	3.7	1,371	− 65.5	0.9	81.4
その他アジア	26,681	− 56.0	10.9	100.0	1,535	− 83.5	2.3	5.8	2,749	− 54.8	15.0	10.3	22,397	− 50.6	13.9	83.9
ヨーロッパ	52,238	− 78.3	21.2	100.0	31,577	− 81.3	47.6	60.4	4,252	− 89.0	23.2	8.1	16,409	− 50.3	10.2	31.4
英国	7,294	− 85.7	3.0	100.0	4,538	− 88.0	6.8	62.2	532	− 92.7	2.9	7.3	2,224	− 62.9	1.4	30.5
フランス	7,024	− 83.7	2.9	100.0	3,297	− 89.3	5.0	46.9	665	− 87.9	3.6	9.5	3,062	− 54.9	1.9	43.6
ドイツ	5,197	− 82.6	2.1	100.0	2,952	− 84.5	4.4	56.8	715	− 89.8	3.9	13.8	1,530	− 58.1	0.9	29.4
イタリア	3,527	− 74.2	1.4	100.0	2,228	− 75.4	3.4	63.2	333	− 87.8	1.8	9.4	966	− 49.6	0.6	27.4
ロシア	3,723	− 83.3	1.5	100.0	1,814	− 88.6	2.7	48.7	302	− 91.8	1.6	8.1	1,607	− 39.0	1.0	43.2
スペイン	3,053	− 74.0	1.2	100.0	1,922	− 77.6	2.9	63.0	183	− 86.3	1.0	6.0	948	− 48.5	0.6	31.1
スウェーデン	1,112	− 85.4	0.5	100.0	724	− 87.3	1.1	65.1	80	− 92.3	0.4	7.2	308	− 65.3	0.2	27.7
オランダ	1,860	− 78.1	0.8	100.0	1,405	− 75.9	2.1	75.5	136	− 92.5	0.7	7.3	319	− 61.3	0.2	17.2
スイス	1,387	− 77.0	0.6	100.0	1,001	− 78.5	1.5	72.2	109	− 87.3	0.6	7.9	277	− 47.4	0.2	20.0
ベルギー	1,122	− 72.5	0.5	100.0	775	− 71.7	1.2	69.1	93	− 88.6	0.5	8.3	254	− 51.3	0.2	22.6
フィンランド	736	− 84.9	0.3	100.0	485	− 87.2	0.7	65.9	48	− 92.6	0.3	6.5	203	− 50.7	0.1	27.6
ポーランド	1,350	− 66.2	0.5	100.0	970	− 64.0	1.5	71.9	42	− 93.5	0.2	3.1	338	− 48.6	0.2	25.0
デンマーク	794	− 83.4	0.3	100.0	529	− 85.2	0.8	66.6	87	− 89.5	0.5	11.0	178	− 52.0	0.1	22.4
ノルウェー	557	− 84.6	0.2	100.0	390	− 86.6	0.6	70.0	46	− 88.8	0.3	8.3	121	− 59.0	0.1	21.7
オーストリア	888	− 75.4	0.4	100.0	465	− 79.7	0.7	52.4	110	− 85.5	0.6	12.4	313	− 43.2	0.2	35.2
ポルトガル	728	− 77.1	0.3	100.0	552	− 79.5	0.8	75.8	65	− 75.0	0.4	8.9	111	− 52.2	0.1	15.2

国・地域	総数				観光客				商用客				その他客			
	総計	伸率 %	縦構成比 %	横構成比 %	計	伸率 %	縦構成比 %	横構成比 %	計	伸率 %	縦構成比 %	横構成比 %	計	伸率 %	縦構成比 %	横構成比 %
アイルランド	820	-74.9	0.3	100.0	538	-75.5	0.8	65.6	33	-93.8	0.2	4.0	249	-53.9	0.2	30.4
その他ヨーロッパ	11,066	-29.8	4.5	100.0	6,992	-20.4	10.5	63.2	673	-74.0	3.7	6.1	3,401	-22.7	2.1	30.7
アフリカ	6,769	-13.7	2.8	100.0	3,466	84.0	5.2	51.2	168	-90.4	0.9	2.5	3,135	-25.4	1.9	46.3
北アメリカ	26,238	-90.8	10.7	100.0	11,924	-94.7	18.0	45.4	1,700	-94.8	9.3	6.5	12,614	-51.6	7.8	48.1
米国	20,026	-90.9	8.1	100.0	7,993	-95.3	12.0	39.9	1,294	-95.5	7.1	6.5	10,739	-48.7	6.7	53.6
カナダ	3,536	-93.4	1.4	100.0	2,111	-95.5	3.2	59.7	282	-90.0	1.5	8.0	1,143	-65.6	0.7	32.3
メキシコ	1,124	-88.2	0.5	100.0	757	-90.6	1.1	67.3	68	-88.7	0.4	6.0	299	-66.8	0.2	26.6
その他北アメリカ	1,552	-41.0	0.6	100.0	1,063	-10.3	1.6	68.5	56	-89.4	0.3	3.6	433	-52.8	0.3	27.9
南アメリカ	5,204	-71.4	2.1	100.0	3,543	-73.7	5.3	68.1	170	-87.1	0.9	3.3	1,491	-56.4	0.9	28.7
ブラジル	2,731	-60.4	1.1	100.0	1,714	-58.3	2.6	62.8	46	-93.9	0.3	1.7	971	-52.1	0.6	35.6
その他南アメリカ	2,473	-78.2	1.0	100.0	1,829	-80.5	2.8	74.0	124	-78.3	0.7	5.0	520	-62.6	0.3	21.0
オセアニア	4,953	-96.9	2.0	100.0	3,003	-98.0	4.5	60.6	226	-95.8	1.2	4.6	1,724	-70.2	1.1	34.8
豪州	3,265	-97.7	1.3	100.0	2,076	-98.5	3.1	63.6	182	-95.7	1.0	5.6	1,007	-74.9	0.6	30.8
ニュージーランド	1404	-91.3	0.6	100.0	763	-94.4	1.1	54.3	43	-95.1	0.3	3.1	598	-58.9	0.4	42.6
その他オセアニア	284	-64.9	0.1	100.0	164	-36.9	0.2	57.7	1	-99.6	0.0	0.4	119	-62.0	0.1	41.9
無国籍・その他	33	-69.2	0.0	100.0	13	-75.5	0.0	39.4	-	-100.0	0.0	0.0	20	-59.2	0.0	60.6

注：1 「訪日外客」とは、国籍に基づく法務省集計による外国人正規入国者から日本に居住する外国人を除き、これに外国人一時上陸客等を加えた入国外国人旅行者のことである。
「観光客」とは、「短期滞在入国者」から「商用客」を引いた入国外国人で、「親族友人訪問」を含んでいる。
「その他客」とは、観光、商用目的を除く入国外国人で、留学、研修、外交・公用などが含まれる。
2 中東地域はイスラエル、トルコ、GCC6か国（サウジアラビア、アラブ首長国連邦（UAE）、バーレーン、オマーン、カタール、クウェート）を指す。

出典：日本政府観光局（JNTO）

8

各国・地域の日本への旅行率

(単位：%)

	2014年	2015年	2016年	2017年	2018年	2019年	2020年
韓　　　国	18.7	22.4	24.4	28.7	28.0	20.7	13.2
中　　　国	2.1	3.9	4.7	5.1	5.6	6.2	－
台　　　湾	23.9	27.9	28.6	29.2	28.6	28.6	29.7
香　　　港	10.0	14.6	16.3	18.4	17.4	17.7	18.6
タ　　　イ	10.2	11.7	11.0	11.0	11.4	12.6	－
シンガポール	2.6	3.4	3.8	4.1	4.2	4.6	3.6
イ　ン　ド	0.5	0.5	0.6	0.6	0.6	0.7	－
豪　　　州	3.3	4.0	4.5	4.7	5.0	5.5	5.1
米　　　国	1.3	1.4	1.5	1.6	1.6	1.7	0.7
カ　ナ　ダ	0.5	0.7	0.9	0.9	1.0	1.1	0.6
英　　　国	0.3	0.3	0.4	0.4	0.4	0.5	0.2
フ ラ ン ス	0.6	0.8	1.0	0.9	1.0	1.1	－
ド　イ　ツ	0.2	0.2	0.2	0.2	0.2	0.2	－
イ タ リ ア	0.3	0.4	0.4	0.4	0.4	0.5	－
ロ　シ　ア	0.1	0.2	0.2	0.2	0.2	0.3	0.2

資料：日本政府観光局（JNTO）「日本の国際観光統計（2020年版）」

月別訪日外国人数

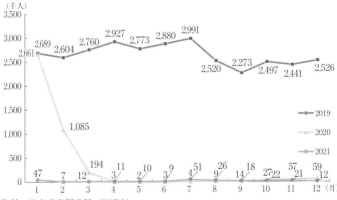

資料：日本政府観光局（JNTO）

訪日外国人旅行者が今回実施した活動と次回実施したい活動

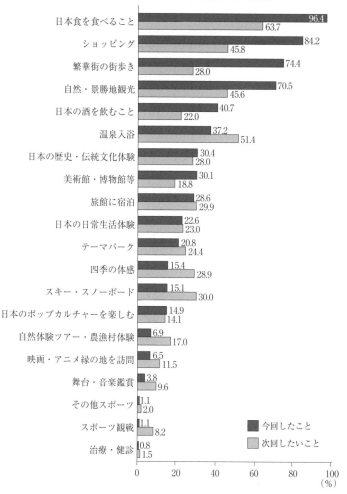

活動	今回したこと	次回したいこと
日本食を食べること	96.4	63.7
ショッピング	84.2	45.8
繁華街の街歩き	74.4	28.0
自然・景勝地観光	70.5	45.6
日本の酒を飲むこと	40.7	22.0
温泉入浴	37.2	51.4
日本の歴史・伝統文化体験	30.4	28.0
美術館・博物館等	30.1	18.8
旅館に宿泊	28.6	29.9
日本の日常生活体験	22.6	23.0
テーマパーク	20.8	24.4
四季の体感	15.4	28.9
スキー・スノーボード	15.1	30.0
日本のポップカルチャーを楽しむ	14.9	14.1
自然体験ツアー・農漁村体験	6.9	17.0
映画・アニメ縁の地を訪問	6.5	11.5
舞台・音楽鑑賞	3.8	9.6
その他スポーツ	1.1	2.0
スポーツ観戦	1.1	8.2
治療・健診	0.8	1.5

出典：国土交通省観光庁「訪日外国人消費動向調査」(2020 年 1-3 月期確報)

8

ガイド試験の合格者数及び登録者数

年度　合格者数	合格者数（人）					登録者数（人）
	'17（平29）	'18（平30）	'19（令1）	'20（令2）	'21（令3）	
英　　語	1,304 (16.3)	584 (10.1)	505 (9.2)	410 (10.4)	251 (8.5)	19,132
フランス語	62 (19.6)	33 (11.6)	21 (8.0)	9 (5.1)	25 (18.7)	1,133
スペイン語	36 (15.3)	23 (11.9)	18 (9.5)	5 (3.9)	13 (11.1)	953
ド イ ツ 語	20 (22.2)	5 (6.7)	3 (3.8)	11 (15.5)	6 (17.6)	638
中　国　語	130 (10.6)	61 (7.9)	47 (6.6)	29 (6.9)	25 (7.3)	2,756
イタリア語	18 (13.4)	8 (7.9)	2 (2.3)	6 (9.4)	5 (8.9)	262
ポルトガル語	15 (22.7)	6 (8.8)	1 (2.1)	3 (8.6)	3 (12.0)	165
ロ シ ア 語	8 (8.1)	4 (4.9)	4 (5.6)	1 (1.6)	3 (5.4)	333
韓　国　語	53 (14.1)	29 (9.7)	17 (6.3)	15 (10.0)	15 (14.6)	1,315
タ　イ　語	3 (7.3)	1 (3.4)	0 (0.0)	0 (0.0)	1 (9.1)	36
合　　計	1,649 (15.6)	753 (9.8)	618 (8.5)	489 (9.6)	347 (9.1)	26,723

注：1　（　）内は合格率（％）　合格率は受験者数に対する比率
　　2　登録者数は '22（令4）年4月1日現在の累計
資料：日本政府観光局（JNTO）・国土交通省観光庁

ツーリスト・インフォメーション・センター（TIC）

　日本政府観光局（JNTO）の TIC では、英語、中国語、韓国語で訪日外国人旅行者に対する日本全国の旅行情報の提供をカウンターおよび電話で実施しているほか、多言語のパンフレットや地図等の無料提供等を行っている。

〒 100-0005　千代田区丸の内 3-3-1　新東京ビル1階
TEL：03-3201-3331

JNTO 認定外国人観光案内所

　日本政府観光局（JNTO）では、平成24年1月に観光庁によって策定された「外国人観光案内所の設置・運営のあり方指針」（平成30年4月改定）に基づき、外国人観光案内所（以下、「認定案内所」という。）の認定を実施し、日本全国で認定案内所の拡大を推進している。

　令和4年7月末現在の認定案内所数は 1,565 ヵ所となっている。

善意通訳（グッドウィル・ガイド）

　善意通訳（グッドウィル・ガイド）は、日本を訪れる外国人旅行者が街頭、駅、車内等で言語の問題で困った際に、外国語を解する人がボランティア精神に基づき無償で手助けするもので、日本政府観光局（JNTO）で登録を受け付けている。令和4年7月現在までの善意通訳者の累計登録件数は延べ6万5千件を上回っている。

ビザ（査証）免除国・地域（短期滞在）

'22（令和4）年10月11日現在

我が国は、68の国・地域に対して、査証免除措置を行っている。　これらの諸国・地域人は、商用、会議、観光、親族・知人訪問等を目的とする場合、入国に際して査証を取得する必要はない。ただし、日本で報酬を受ける活動に従事する場合、またはそれぞれ各国に決められた短期滞在の期間を超えて滞在する場合にはビザを取得する必要がある。

・在留期間　上陸許可の際に付与される在留期間は、インドネシア及びタイは「15日」、ブルネイは「14日」、アラブ首長国連邦は「30日」、その他の国・地域については「90日」となる。

	68のビザ免除措置国・地域一覧表
ア ジ ア	インドネシア（注1）、シンガポール、タイ（注2）（15日以内）、マレーシア（注2）、ブルネイ（14日以内）、韓国、台湾、香港（注3）、マカオ（注4）
北 　 米	米国、カナダ
中 南 米	アルゼンチン、ウルグアイ、エルサルバドル、グアテマラ、コスタリカ、スリナム、チリ、ドミニカ共和国、バハマ、バルバドス（注5）、ホンジュラス、メキシコ（注6）
大 洋 州	オーストラリア、ニュージーランド
中 　 東	アラブ首長国連邦（注7）、イスラエル、トルコ（注5）
ア フ リ カ	チュニジア、モーリシャス、レソト（注5）
欧 　 州	アイスランド、アイルランド（注6）、アンドラ、イタリア、エストニア、オーストリア（注6）、オランダ、キプロス、ギリシャ、クロアチア、サンマリノ、スイス（注6）、スウェーデン、スペイン、スロバキア、スロベニア、セルビア（注2）、チェコ、デンマーク、ドイツ（注6）、ノルウェー、ハンガリー、フィンランド、フランス、ブルガリア、ベルギー、ポーランド、ポルトガル、北マケドニア、マルタ、モナコ、ラトビア、リトアニア、リヒテンシュタイン（注6）、ルーマニア、ルクセンブルク、英国（注6）

注：1　インドネシア（2014年12月1日以降）のビザ免除の対象は、ICAO（International Civil Aviation Organization：国際民間航空機関）標準のIC旅券を所持し、インドネシアに所在する日本の在外公館（大使館、総領事館、領事事務所）においてIC旅券の事前登録を行った方に限ります（事前登録の有効期間は3年又は旅券の有効期間満了日までのどちらか短い期間になります。

2　タイ（2013年7月1日以降）、マレーシア（2013年7月1日以降）及びセルビア（2011年5月1日以降）のビザ免除の対象は、ICAO標準のIC旅券を所持する方に限ります。IC旅券を所持していない方は事前にビザを取得することをお勧めします（事前にビザを取得せずに入国する場合、日本入国時に厳格な入国審査が行われ、結果として入国できないおそれがあります）。

3　香港のビザ免除の対象は、香港特別行政区旅券及び英国海外市民（BNO）旅券を所持する方（香港居住権所持者）に限ります。

4　マカオのビザ免除の対象は、マカオ特別行政区旅券を所持する方に限ります。

5　バルバドス（2010年4月1日以降）、トルコ（2011年4月1日以降）、及びレソト（2010年4月1日以降）のビザ免除の対象は、ICAO標準の機械読取式旅券（MRP：Machine-Readable Passport）又はIC旅券を所持する方に限ります。MRP又はIC旅券を所持していない方は、ビザを取得することをお勧めします（事前にビザを取得せずに入国する場合、日本入国時に厳格な入国審査が行われ、結果として入国できないおそれがあります。

6　これらの国の方は、ビザ免除渡航において6か月以内の滞在が認められていますが、90日を超えて滞在する場合には、在留期間満了前に出入国在留管理庁（地方出入国在留管理官署）において在留期間更新手続きを行う必要があります。

7　アラブ首長国連邦（2017年7月1日以降）のビザ免除の対象は、ICAO標準のIC旅券を所持し、日本の在外公館（大使館、総領事館、領事事務所）において旅券の事前登録を行った方に限ります（事前登録の有効期間は3年又は旅券の有効期間満了日までのどちらか短い期間になります。

8　ペルー（1995年7月15日以降）及びコロンビア（2004年2月1日以降）に対しては、ビザ取得を勧奨する措置を導入しています。事前にビザを取得せずに入国する場合、日本入国時に厳格な入国審査が行われ、結果として入国できないおそれがあります。

ICAO標準の機械読取式旅券（MRP：Machine-Readable Passport）

ICAO（International Civil Aviation Organization：国際民間航空機関）標準で定められている機械読取式旅券（MRP）とは、旅券の身分事項ページに、機械読み取り可能な個人情報等の旅券データが記載されている旅券のことである。

資料：外務省「ビザ免除国・地域（短期滞在）」

8

日本での国際会議開催状況

（単位：件）

順位	'17（平29）	件数	'18（平30）	件数	'19（令1）	件数	'20（令2）	件数
1位	東京都（23区）	608	東京（23区）	645	東京（23区）	561	東京（23区）	63
2位	神戸市	405	神戸市	419	神戸市	438	京都市	26
3位	京都市	306	京都市	348	京都市	383	神戸市	23
4位	福岡市	296	福岡市	293	福岡市	313	福岡市	15
5位	名古屋市	183	名古屋市	202	横浜市	277	千里地区（注1）	13
6位	横浜市	176	横浜市	156	名古屋市	252		
7位	大阪市	139	大阪市	152	大阪市	204		
8位	北九州市	134	北九州市	133	北九州市	150		
9位	仙台市	120	仙台市	116	仙台市	136		
10位	札幌市	116	札幌市	109	札幌市	102		
11位	千里地区（注1）	98	広島市	74	千里地区（注1）	84		
12位	広島市	87	千里地区（注1）	68	広島市	72		
13位	千葉市	57	千葉市	65	千葉市	56		
14位	つくば地区（注2）	47	つくば地区（注2）	42	つくば地区（注2）	54		
15位	金沢市	35	奈良市	36	岡山市	43		
	岡山市	35						
	その他	471	その他	575	その他	496	その他	82
計		3,313		3,433		3,621		222

資料：日本政府観光局（JNTO）国際会議統計（2017年～2020年）
統計基準：
　国際機関・国際団体（各国支部を含む）又は国家機関・国内団体（各々の定義が明確ではないため、「公共色を帯びていない民間企業」以外は全て）が主催する会議で下記の条件を全て満たすもの
①総参加者数50人以上、②参加国が日本を含む3居住国・地域以上、③開催期間が1日以上
注：1　千里地区：大阪府の豊中市、吹田市、茨木市、高槻市、箕面市を含む
注：2　つくば地区：茨城県のつくば市、土浦市を含む
注：3　1つの国際会議が複数の都市にまたがって開催された場合、それぞれの都市において1件として計上している
注：4　2020（令和2）年は、開催件数が10件よりも多い5都市・地区のみ掲載

国際会議観光都市一覧

	国際会議観光都市			コンベンション推進組織
1.	札　　幌　　市	（北海道）	（公財）	札幌国際プラザ
2.	旭　　川　　市	（　〃　）	（一社）	旭川観光コンベンション協会
3.	釧　　路　　市	（　〃　）	（一社）	釧路観光コンベンション協会
4.	青　　森　　市	（青森県）	（公社）	青森観光コンベンション協会
5.	盛　　岡　　市	（岩手県）	（公財）	盛岡観光コンベンション協会
6.	仙　　台　　市	（宮城県）	（公財）	仙台観光国際協会
7.	新　　潟　　市	（新潟県）	（公財）	新潟観光コンベンション協会
8.	長　　野　　市	（長野県）	（公財）	ながの観光コンベンションビューロー

国際会議観光都市		コンベンション推進組織
9. 松 本 市	（長 野 県）	（一社）松本観光コンベンション協会
10. 上 田 市	（ 〃 ）	（一社）信州上田観光協会
11. 秋 田 市	（秋 田 県）	（一社）秋田観光コンベンション協会
12. 山 形 市	（山 形 県）	（一財）山形コンベンションビューロー
13. 鶴 岡 市	（ 〃 ）	庄内観光コンベンション協会
14.「つくば市・土浦市」	（茨 城 県）	（一社）つくば観光コンベンション協会
15. 千 葉 市	（千 葉 県）	（公財）ちば国際コンベンションビューロー
16. 成 田 市	（ 〃 ）	〃
17. 木 更 津 市	（ 〃 ）	〃
18. 浦 安 市	（ 〃 ）	〃
19. さ い た ま 市	（埼 玉 県）	（公社）さいたま観光国際協会
20. 前 橋 市	（群 馬 県）	（公財）前橋観光コンベンション協会
21. 横 浜 市	（神奈川県）	（公財）横浜観光コンベンション・ビューロー
22. 箱 根 町	（ 〃 ）	箱根コンベンションビューロー
23. 名 古 屋 市	（愛 知 県）	（公財）名古屋観光コンベンションビューロー
24. 犬 山 市	（ 〃 ）	（一社）犬山市観光協会
25. 静 岡 市	（静 岡 県）	（公財）するが企画観光局
26. 浜 松 市	（ 〃 ）	（公財）浜松・浜名湖ツーリズムビューロー
27. 富 士 吉 田 市	（山 梨 県）	（一財）ふじよしだ観光振興サービス
28. 岐 阜 市	（岐 阜 県）	（公財）岐阜観光コンベンション協会
29. 高 山 市	（ 〃 ）	（一社）飛騨・高山観光コンベンション協会
30. 伊 勢 志 摩 地 区	（三 重 県）	（公社）伊勢志摩観光コンベンション機構
31. 福 井 市	（福 井 県）	（公社）福井県観光連盟
32. 金 沢 市	（石 川 県）	（公財）金沢コンベンションビューロー
33. 富 山 市	（富 山 県）	（公財）富山コンベンションビューロー
34. 大 阪 市	（大 阪 府）	（公財）大阪観光局
35. 京 都 市	（京 都 府）	（公財）京都文化交流コンベンションビューロー
36. 神 戸 市	（兵 庫 県）	（一財）神戸観光局
37. 姫 路 市	（ 〃 ）	（公社）姫路観光コンベンションビューロー
38. 奈 良 市	（奈 良 県）	（一社）奈良県ビジターズビューロー
39. 広 島 市	（広 島 県）	（公財）広島観光コンベンションビューロー
40. 松 江 市	（島 根 県）	松江コンベンションビューロー（一財）くにびきメッセ
41. 岡 山 市	（岡 山 県）	（公社）おかやま観光コンベンション協会
42. 下 関 市	（山 口 県）	（一社）下関観光コンベンション協会
43. 徳 島 市	（徳 島 県）	（一財）徳島県観光協会
44. 高 松 市	（香 川 県）	（公財）高松観光コンベンション・ビューロー
45. 松 山 市	（愛 媛 県）	（公財）松山観光コンベンション協会
46. 福 岡 市	（福 岡 県）	（公財）福岡観光コンベンションビューロー
47. 北 九 州 市	（ 〃 ）	（公財）北九州観光コンベンション協会
48. 長 崎 市	（長 崎 県）	（一社）長崎国際観光コンベンション協会
49. 別 府 市	（大 分 県）	（公社）ツーリズムおおいた
50. 熊 本 市	（熊 本 県）	（一財）熊本国際観光コンベンション協会
51. 宮 崎 市	（宮 崎 県）	（公財）宮崎県観光協会
52. 鹿 児 島 市	（鹿児島県）	（一社）鹿児島観光コンベンション協会
53.「那覇市・浦添市・宜野湾市・沖縄市」	（沖 縄 県）	（一財）沖縄観光コンベンションビューロー

注：1　つくば市、土浦市は一体として認定。
　　2　伊勢志摩地区は、伊勢市、鳥羽市、二見町、玉城町、小俣町、御薗村、南勢町、南島町、度会町、浜島町、大王町、志摩町、阿児町及び磯部町を一体として認定。浜島町、大王町、志摩町、阿児町及び磯部町は、合併により、現在、志摩市。
　　3　沖縄県内の4市は一体として認定。
資料：国土交通省観光庁

日本人月別海外旅行者数

(単位：千人)

月＼年	'16(平28)	'17(平29)	'18(平30)	'19(令1)	'20(令2)	'21(令3)
1	1,276	1,295	1,424	1,452	1,381	49
2	1,331	1,493	1,391	1,535	1,317	25
3	1,551	1,745	1,807	1,930	273	29
4	1,250	1,235	1,357	1,667	4	36
5	1,233	1,318	1,384	1,438	6	30
6	1,271	1,336	1,422	1,521	11	31
7	1,436	1,481	1,558	1,659	20	43
8	1,818	1,888	2,033	2,110	37	66
9	1,553	1,623	1,630	1,751	32	52
10	1,463	1,459	1,646	1,663	31	51
11	1,480	1,547	1,673	1,642	31	52
12	1,455	1,469	1,629	1,712	33	49
計	17,116	17,889	18,954	20,081	3,174	512

注：千人未満四捨五入のため月別の数字と合計は一致しないことがある
資料：法務省「出入国管理統計表」

海外旅行者の性別構成比の推移

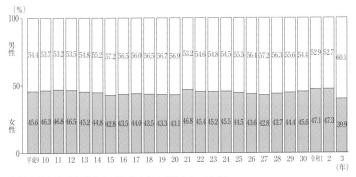

資料：国土交通省観光庁「観光白書」(平成9～29年)
　　　法務省「出入国管理統計表」(平成30～令和3年)

海外旅行者の性別・年齢階層別推移

（単位：人）

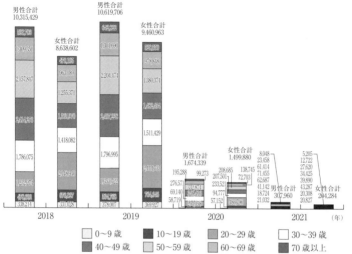

男性合計
10,315,429

女性合計
8,638,602

男性合計
10,619,706

女性合計
9,460,963

男性合計
1,674,339

女性合計
1,499,880

男性合計
307,960

女性合計
204,284

2018年の男性合計の内訳（上から）：
1,272,531
2,157,847
3,011,258
1,786,075
1,252,421
456,603
338,211

2018年の女性合計の内訳（上から）：
474,175
963,189
1,255,371
1,935,070
1,418,082
2,118,490
671,827
331,026

2019年の男性合計の内訳（上から）：
1,301,190
2,204,474
3,401,233
1,796,995
1,287,722
564,763
378,007

2019年の女性合計の内訳（上から）：
478,848
1,380,374
1,452,484
1,511,429
2,444,795
704,146
369,927

2020年の男性合計の内訳（上から）：
99,273
195,288
276,571
69,140
58,719

2020年の女性合計の内訳（上から）：
138,745
72,703
208,685
207,501
233,521
94,777
57,152

2021年の男性合計の内訳（上から）：
8,048
23,458
61,414
71,455
62,687
41,142
18,724
21,032

2021年の女性合計の内訳（上から）：
5,205
12,722
27,620
34,425
39,890
43,287
20,308
20,827

2018　2019　2020　2021　（年）

- ☐ 0～9歳
- ■ 10～19歳
- ▨ 20～29歳
- ☐ 30～39歳
- ▦ 40～49歳
- ▨ 50～59歳
- ▨ 60～69歳
- ■ 70歳以上

資料：法務省「出入国管理統計統計表」

8

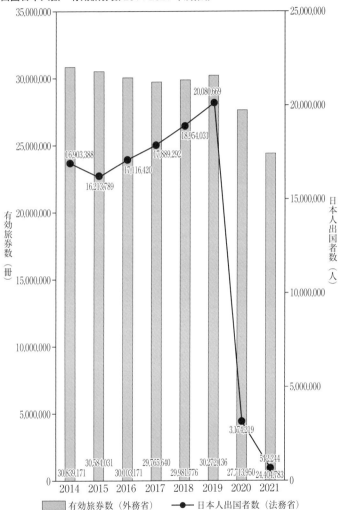

出国日本人数　有効旅券数 2014-2021 年別推移

35,000,000

25,000,000

30,000,000

有効旅券数（冊）

25,000,000

20,080,669

16,903,388

20,000,000

16,213,789

17,116,420

17,889,292

18,954,031

日本人出国者数（人）

15,000,000

15,000,000

10,000,000

10,000,000

5,000,000

5,000,000

3,174,219

30,839,171　30,584,031　30,103,171　29,765,640　29,981,776　30,272,136　27,713,950　24,404,783

512,244

0

0

2014　2015　2016　2017　2018　2019　2020　2021

▭ 有効旅券数（外務省）　━●━ 日本人出国者数（法務省）

出典：外務省「旅券統計」
　　　法務省「出入国管理統計統計表」

各国・地域別 日本人訪問者数（日本から各国・地域への到着者数）

	訪問先	基準	'16 (平28) 人	前年比(%)	'17 (平29) 人	前年比(%)	'18 (平30) 人	前年比(%)	'19 (令1) 人	前年比(%)	'20 (令2) 人	前年比(%)
	中　国	VFN	2,587,440	3.6	2,680,033	3.6	2,689,662	0.4	2,676,334	− 0.5		
	韓　国	VFN	2,297,893	25.0	2,311,447	0.6	2,948,527	27.6	3,271,706	11.0	430,742	− 86.8
	台　湾	VFN	1,895,702	16.5	1,898,854	0.2	1,969,151	3.7	2,167,952	10.1	269,659	− 87.6
	タ　イ	TFN	1,439,510	4.2	1,544,442	7.3	1,655,996	7.2	1,806,438	9.1	320,331	− 82.3
	シンガポール	TFR	783,862	− 0.7	792,873	1.1	829,676	4.6	884,308	6.6	125,879	− 85.8
	ベトナム	VFR	740,592	10.3	798,119	7.8	826,674	3.6	951,962	15.2	200,346	− 79.0
	香　港	TFR	692,529	9.4	813,207	17.4	852,192	4.8	660,883	− 22.4	23,341	− 96.5
	インドネシア	TFN	545,392	− 0.8	573,310	5.1	530,573	− 7.5	519,623	− 2.1	92,228	− 82.3
	フィリピン	TFR	535,238	8.0	584,180	9.1	631,821	8.2	682,788	8.1	136,664	− 80.0
	マレーシア	VFN	413,768	− 14.4	392,777	− 5.1	394,540	0.4	424,694	7.6	74,383	− 82.5
ア	マカオ	THSR	184,778	14.1	190,267	3.0	188,917	− 0.7	192,156	1.7	15,201	− 92.1
ジ	イ　ン　ド	TFN	208,847	0.7	222,527	6.6	236,236	6.2	238,903	1.1	48,191	− 79.8
ア	カンボジア	TFN	191,577	− 0.9	203,373	6.2	210,471	3.5	207,636	− 1.3	41,257	− 80.1
	ミャンマー	TFN	100,784	11.6	101,484	0.7	104,376	2.8	125,706	20.4	26,100	− 79.2
	ラ　オ　ス	VFN	49,191	12.2	32,064	− 34.8	38,985	21.6	41,736	7.1	11,085	− 73.4
	スリランカ	TFN	44,649	− 1.7	47,308	6.0	49,038	3.7	31,441	− 35.9	7,610	− 75.8
	モルジブ	TFN	39,894	1.7	41,133	3.1	42,304	2.8	44,251	4.6	8,479	− 80.8
	ネパール	TFN	22,979	30.5	27,326	18.9	29,768	8.9	30,534	2.6	5,599	− 81.7
	モンゴル	TFN	19,985	3.7	22,519	12.7	20,990	− 6.8	24,419	16.3	1,131	− 95.4
	ブルネイ	TFN	4,474	3.2	5,191	16.0	5,360	3.3	10,680	99.3	2,135	− 80.0
	トルコ	VFN	44,695	− 57.4	49,323	10.4	81,931	66.1	103,320	26.1	19,122	− 81.5
	サウジアラビア	TFN	16,958	0.6	13,621	− 19.7	22,497	65.2	38,357	70.5	1,901	− 95.0
	イスラエル	TFN	11,891	19.1	17,067	43.5	19,568	14.7	26,063	33.2	3,538	− 86.4
	イ　ラ　ン	VFN	10,395	23.9	13,370	28.6	7,631	− 42.9	5,736	− 24.8	232	− 96.0
	ヨルダン	TFN	6,832	− 8.5	7,509	9.9	9,770	30.1	11,794	20.7	2,138	− 81.9
	クウェート	VFN	5,438	3.8	5,601	3.0	5,505	− 1.8	5,207	− 5.3	865	− 83.4
	グ　ア　ム	TFR	745,680	− 3.5	620,376	− 16.8	566,588	− 8.7	687,566	21.4	144,291	− 79.0
オ	豪　州	VFN	417,880	22.2	434,500	4.0	469,230	8.0	498,640	6.3	91,701	− 81.6
セ	ニュージーランド	VFR	100,736	15.4	102,048	1.3	99,784	− 2.2	97,682	− 2.1	25,784	− 73.6
ア	北マリアナ諸島	VFN	61,026	− 24.5	50,944	− 16.5	27,291	− 46.4	17,121	− 37.3	9,870	− 42.4
ニ	パ　ラ　オ	TFN	29,237	− 5.8	26,031	− 11.0	22,416	− 13.9	19,742	− 11.9	5,762	− 70.8
ア	ニューカレドニア	TFR	21,151	5.5	21,839	3.3	21,472	− 1.7	21,670	0.9	5,050	− 76.7
	仏領ポリネシア	TFR	12,174	6.4	12,808	5.2	9,912	− 22.6	8,175	− 17.5	1,071	− 86.9
	フィジー	TFR	6,274	3.0	6,350	1.2	11,903	87.4	14,868	24.9	2,252	− 84.9
	エジプト	VFN	18,643	15.1	32,743	75.6	41,807	27.7	52,409	25.4	13,936	− 73.4
	モロッコ	TFR	23,459	29.8	32,498	38.5	35,450	9.1	39,445	11.3	9,635	− 75.6
ア	南アフリカ共和国	TFR	25,802	27.7	27,410	6.2	27,541	0.5	28,388	3.1	5,236	− 81.6
フ	ジンバブエ	TFN	22,566	77.5	34,214	51.6	32,014	− 6.4	20,766	− 35.1	2,381	− 88.5
リ	ニジェール	TFN	7,644	13.2	8,253	8.0	7,887	− 4.4	9,648	22.3	4,290	− 55.5
カ	ザンビア	TFR	7,420	− 15.1	7,944	7.1	8,390	5.6	8,231	− 1.9	1,235	− 85.0
	タンザニア	TFR	5,633	26.2	6,888	22.3	7,393	7.3	6,257	− 15.4	2,378	− 62.0
	チュニジア	TFN	1,379	− 33.4	1,875	36.0	5,454	190.9	8,061	47.8	1,800	− 77.7
	エチオピア	TFN	5,006	− 6.1	5,713	14.1	5,024	− 12.1	4,800	− 4.5	438	− 90.9
	ナイジェリア	VFN	11,662	− 19.0								
	ド　イ　ツ	TCER	545,013	− 15.8	584,871	7.3	613,248	4.9	614,638	0.2	95,782	− 84.4
	スペイン	TCER	463,420	− 23.7	444,518	− 4.1	547,481	23.1	677,659	23.8	112,916	− 83.3
	フランス	TFR	411,199	− 39.7	484,580	17.8	540,169	11.5				
	イタリア	TCER	403,879	− 4.3	385,971	− 4.4	384,004	− 0.5	372,979	− 2.9	83,839	− 77.5
	英　国	VFR	367,501	13.8	433,196	17.9	426,532	− 1.0	388,839	− 9.4		
	オーストリア	TCER	208,710	− 11.8	208,248	− 0.2	220,198	5.7	256,355	16.4	36,849	− 85.6
ヨ	スイス	THSR	197,567	− 12.7	227,010	14.9	211,545	− 6.8	212,617	0.3	17,138	− 91.9
ー	クロアチア	TCER	120,971	− 24.3	142,043	17.4	159,574	12.3	150,217	− 5.9	7,360	− 95.1
ロ	フィンランド	TCER	114,463	5.9	124,548	8.8	113,000	− 9.3	119,104	5.4	26,201	− 78.0
ッ	ポルトガル	TCER	115,794	21.3	143,912	24.3	141,532	− 1.7	145,033	2.5	31,188	− 78.5
パ	オランダ	THSR	106,000	− 22.1	117,000	10.4	119,000	1.7	131,000	10.1	22,000	− 83.2
	チ　ェ　コ	TCEN	105,771	− 14.6	114,995	8.7	129,119	12.3	147,760	14.4	25,301	− 82.9
	ポーランド	TCER	67,040	27.4	68,370	2.0	63,690	− 6.8	67,632	6.2	10,254	− 84.8
	ロ　シ　ア	VFN	84,631	− 3.0	101,827	20.3	105,251	3.4	112,286	6.7	12,822	− 88.6
	ノルウェー	TCEN	69,408	14.7	79,243	1.5	58,623	− 26.0	55,092	− 6.0	3,951	− 92.8
	ハンガリー	TCEN	55,100	− 14.8	66,234	20.2	66,239	0.0	67,131	1.3	11,369	− 83.1
	ベルギー	TCER	50,253	− 47.9	68,253	35.8	84,508	23.8	92,207	9.1	14,428	− 84.4

8

訪問先		基準	'16 (平 28)		'17 (平 29)		'18 (平 30)		'19 (令 1)		'20 (令 2)	
			人	前年比(%)	人	前年比(%)	人	前年比(%)	人	前年比(%)	人	前年比(%)
ヨーロッパ	スウェーデン	TCER	46,432	8.9	47,536	2.4	46,004	-3.2	46,559	1.2	5,598	-88.0
	スロベニア	TCEN	33,543	-20.8	33,250	-0.9	36,138	8.7	33,916	-6.1	2,549	-92.5
	エストニア	TCER	23,953	4.8	28,831	20.4	31,786	10.2	30,256	-4.8	2,816	-90.7
	ラトビア	TCER	23,191	7.5	24,576	6.0	29,534	20.2	20,416	-30.9	2,358	-88.5
	リトアニア	TCER	22,674	7.4	23,028	1.6	28,158	22.3	27,318	-3.0	2,066	-92.4
	アイスランド	TFN	22,371	35.2	22,397	0.1	19,137	-14.6	18,512	-3.3	5,578	-69.9
	デンマーク	TCER	21,624	9.8	37,325	72.6	39,279	5.2	43,667	11.2	5,522	-87.4
	ブルガリア	VFR	15,012	21.4	14,898	-0.8	12,250	-17.8	12,024	-1.8	1,897	-84.2
	ルーマニア	VFR	14,057	-11.1	15,296	8.8	15,939	4.2	15,631	-1.9	2,668	-82.9
	サンマリノ	VFN	7,796	72.8	6,761	-13.3	7,087	4.8	9,804	38.3	699	-92.9
	ルクセンブルク	TCER	7,373	-21.1	6,673	-9.5	6,541	-2.0	7,574	15.8	2,166	-71.4
	スロバキア	TCEN	7,271	13.4	7,555	3.9	7,474	-1.1	9,691	29.7	1,651	-83.0
	ウクライナ	TFR	6,598	30.2	7,435	12.7	10,318	38.8	9,784	-5.2	4,629	-52.7
	ボスニア・ヘルツェゴビナ	TCER	6,137	-9.2	6,652	8.4	7,884	18.5	10,610	34.6	447	-95.8
	ジョージア	VFR	5,329	0.1	5,969	12.0	8,236	38.0	9,413	14.3	1,101	-88.3
	セルビア	TCEN	5,245	0.9	5,769	10.0	6,486	12.4	7,110	9.6	975	-86.3
	アルバニア	VFN	3,385	-21.0	5,483	62.0	6,405	16.8	6,543	2.2	512	-92.2
	カザフスタン	VFR	5,892	-8.7	8,682	47.4	8,257	-4.9	9,721	17.7	723	-92.6
	ギリシャ	TCER	51,380	-28.7	62,877	22.4	93,324	48.4	110,368	18.3	11,016	-90.0
北米	米国	TFR	3,603,786	-5.0	3,595,607	-0.2	3,493,313	-2.8	3,752,980	7.4	696,727	-81.4
	(ハワイ州)	TFR	1,487,979	0.4	1,525,343	2.5	1,489,778	-2.3	1,576,205	5.8	289,137	-81.7
	カ ナ ダ	VFR	322,220	9.3	311,324	-3.4	260,755	-16.2	260,374	-0.1	31,626	-87.9
	メ キ シ コ	TFR	132,976	12.0	151,043	13.6	156,471	3.6	153,894	-1.6	41,349	-73.1
中南米	ブ ラ ジ ル	TFR	79,754	13.8	60,342	-24.3	63,708	5.6	78,914	23.9	20,476	-74.1
	ペ ル ー	TFR	47,090	-14.9	48,171	2.3	47,605	-1.2	40,734	-14.4	9,666	-76.3
	キ ュ ー バ	VFR	22,150	60.6	22,020	-0.6	19,311	-12.3	15,545	-19.5	3,799	-75.6
	ボ リ ビ ア	TFN	16,212	-6.2	14,487	-10.6	13,638	-5.9	12,980	-4.8	5,586	-57.0
	チ リ	TFN	15,863	5.0	16,998	7.2	16,511	-2.9	16,691	1.1	4,258	-74.5
	コ ロ ン ビ ア	TFR	7,400	2.2	7,581	2.4	8,138	7.3	7,506	-7.8	1,694	-77.4
	パ ナ マ	TFR	4,642	-14.4	5,396	16.2	6,153	14.0	4,633	-24.7	1,100	-76.3
	コ ス タ リ カ	TFN	5,401	-1.1	5,955	10.3	6,460	8.5	6,692	3.6	1,743	-74.0
	エ ク ア ド ル	VFN	4,790	-10.0	5,855	22.2	5,553	-5.2	5,826	4.9	1,257	-78.4
	パ ラ グ ア イ	TFN	4,657	7.7	3,761	-19.2	3,198	-15.0	3,349	4.7	837	-75.0

作成：日本政府観光局（JNTO）／出典：国連世界観光機関（UNWTO）「Yearbook of Tourism Statistics, Data 2016-2020, 2022 Edition」、各国政府観光局、各国統計局

◆備考

TFN：Arrivals of non-resident tourists at national borders, by nationality
TFR：Arrivals of non-resident tourists at national borders, by country of residence
VFN：Arrivals of non-resident visitors at national borders, by nationality
VFR：Arrivals of non-resident visitors at national borders, by country of residence
TCEN：Arrivals of non-resident tourists in all types of accommodation establishments, by nationality
TCER：Arrivals of non-resident tourists in all types of accommodation establishments, by country of residence

◆注：

●本表には国境到着者数、ホテル到着者数などの統計が混在しており、集計基準が異なるため、同一指標としての比較はできない。特にヨーロッパの比較においては注意を要する。
●米国の数値には、米国本国（全米50州とコロンビア特別区）への入国者の他、北マリアナ諸島、グアム、米領サモア、プエルトリコ、米領バージン諸島などの地域への入域者が含まれる。
●ハワイ州の数値は米国の内数である。
●サイパンは北マリアナ諸島に属する。
●各国の数値は、統計基準の変更、数値の非整合性などの理由により、その都度、過去にさかのぼって変更されることがある。数値は、2022年6月現在のものである。

資料：日本政府観光局（JNTO）

都道府県別海外旅行者数と出国率

都道府県名	人口	出国者数(2020)	出国者数(2021)	対前年増減比率	構成比 (2021)	出国率 (2021)
合　　計	125,927,902	3,174,219	512,244	− 83.9	100.0	0.4
北 海 道	5,183,687	64,900	4,872	− 92.5	1.0	0.1
青 森 県	1,243,081	8,268	833	− 89.9	0.2	0.1
岩 手 県	1,206,479	8,729	909	− 89.6	0.2	0.1
宮 城 県	2,268,355	25,760	3,156	− 87.7	0.6	0.1
秋 田 県	956,836	6,238	670	− 89.3	0.1	0.1
山 形 県	1,056,682	8,055	994	− 87.7	0.2	0.1
福 島 県	1,841,244	15,801	1,748	− 88.9	0.3	0.1
茨 城 県	2,890,377	48,033	6,110	− 87.3	1.2	0.2
栃 木 県	1,942,494	29,366	4,797	− 83.7	0.9	0.2
群 馬 県	1,943,667	26,741	3,714	− 86.1	0.7	0.2
埼 玉 県	7,385,848	174,934	19,338	− 88.9	3.8	0.3
千 葉 県	6,310,875	172,130	20,740	− 88.0	4.0	0.3
東 京 都	13,794,933	668,646	114,743	− 82.8	22.4	0.8
神奈川県	9,215,210	324,933	46,686	− 85.6	9.1	0.5
新 潟 県	2,188,469	20,267	2,471	− 87.8	0.5	0.1
富 山 県	1,037,319	12,614	1,857	− 85.3	0.4	0.2
石 川 県	1,124,501	16,815	2,152	− 87.2	0.4	0.2
福 井 県	767,561	10,169	1,096	− 89.2	0.2	0.1
山 梨 県	816,340	13,849	1,699	− 87.7	0.3	0.2
長 野 県	2,056,970	29,426	3,857	− 86.9	0.8	0.2
岐 阜 県	1,996,682	36,277	3,620	− 90.0	0.7	0.2
静 岡 県	3,658,375	62,901	10,424	− 83.4	2.0	0.3
愛 知 県	7,528,519	194,765	31,073	− 84.0	6.1	0.4
三 重 県	1,784,968	31,870	4,008	− 87.4	0.8	0.2
滋 賀 県	1,415,222	33,408	4,841	− 85.5	0.9	0.3
京 都 府	2,511,494	75,014	8,346	− 88.9	1.6	0.3
大 阪 府	8,800,753	259,684	25,425	− 90.2	5.0	0.3
兵 庫 県	5,488,605	149,965	17,176	− 88.5	3.4	0.3
奈 良 県	1,335,378	33,320	3,264	− 90.2	0.6	0.2
和歌山県	935,084	14,332	1,035	− 92.8	0.2	0.1
鳥 取 県	551,806	5,351	434	− 91.9	0.1	0.1
島 根 県	666,331	4,524	435	− 90.4	0.1	0.1
岡 山 県	1,879,280	25,822	2,786	− 89.2	0.5	0.1
広 島 県	2,788,687	40,234	6,380	− 84.1	1.2	0.2
山 口 県	1,340,458	14,383	1,795	− 87.5	0.4	0.1
徳 島 県	726,729	7,576	755	− 90.0	0.1	0.1
香 川 県	964,885	11,757	1,068	− 90.9	0.2	0.1
愛 媛 県	1,341,539	13,594	1,670	− 87.7	0.3	0.1
高 知 県	693,369	5,761	466	− 91.9	0.1	0.1
福 岡 県	5,108,507	106,686	8,030	− 92.5	1.6	0.2
佐 賀 県	812,193	9,942	758	− 92.4	0.1	0.1
長 崎 県	1,320,055	12,980	1,679	− 87.1	0.3	0.1
熊 本 県	1,747,513	21,596	3,006	− 86.1	0.6	0.2
大 分 県	1,131,140	11,899	1,079	− 90.9	0.2	0.1
宮 崎 県	1,078,313	8,328	909	− 89.1	0.2	0.1
鹿児島県	1,605,419	11,478	1,153	− 90.0	0.2	0.1
沖 縄 県	1,485,670	23,078	3,211	− 86.1	0.6	0.2
外　　国	−	261,432	124,524	− 52.4	24.3	−
不　　詳	−	588	452	− 23.1	0.1	−

資料：法務省「出入国管理統計統計表」、総務省「住民基本台帳に基づく人口、人口動態及び
　　　世帯数（令和4年1月1日現在）」

8

空港（海港）別日本人出国者数（2021 年）

2021 年	日本人出国者数	対前年増減率	構成比（%）
総数	512,244	− 83.9	100.0
空港計	511,892	− 83.8	99.9
成田	237,871	− 81.8	46.4
関西	43,970	− 92.7	8.6
中部	8,147	− 96.4	1.6
新千歳	2	− 100.0	0.0
仙台	0	− 100.0	0.0
羽田	217,808	− 71.7	42.5
広島	1	− 100.0	0.0
福岡	3,546	− 97.7	0.7
那覇	26	− 99.9	0.0
その他	521	− 98.6	0.1

2021 年	日本人出国者数	対前年増減率	構成比（%）
海港計	352	− 96.2	0.1
東京	10	− 54.5	0.0
横浜	24	− 93.9	0.0
大阪	0	− 100.0	0.0
神戸	6	− 95.5	0.0
関門（下関）	3	− 99.6	0.0
博多	0	− 100.0	0.0
那覇	22	37.5	0.0
その他	287	− 84.8	0.1

出典：法務省「出入国管理統計統計表」

日本に発着した国際旅客数の推移及び国内航空企業のシェア

単位：千人

年度	計		年度	計	
	旅行客	シェア		旅行客	シェア
2014	65,570	25%	2018	100,194	23%
	16,452			23,396	
2015	76,278	25%	2019	92,705	23%
	18,852			21,434	
2016	83,945	25%	2020	1,670	49%
	21,053			812	
2017	93,332	24%	2021	2,930	60%
	22,386			1,761	

注： 上段：総数 下段：国内航空企業による輸送実績
資料：（一財）航空振興財団「数字でみる航空 2022」

日本発国際線週間航空便数と週間提供座席数

●航空便数

空港		2017年冬		2018年夏		2018年冬		2019年夏		2019年冬	
		便数	座席数	便数	座席数	便数	座席数	便数	座席数	便数	座席数
成田		2,635	384,465	2,789	394,427	2,776	387,357	2,935	409,595	2,938	420,218
	前期比	104.9	104.0	107.6	105.3	105.4	100.8	105.2	103.8	105.8	108.5
羽田		1,351	193,297	1,419	198,357	1,450	201,866	1,524	209,562	1,519	212,937
	前期比	104.6	103.6	106.1	104.8	107.3	104.4	107.4	105.6	104.8	105.5
関西		1,691	252,031	1,856	262,982	1,985	267,219	2,191	302,512	2,108	288,757
	前期比	106.4	110.4	110.6	109.3	117.4	106.0	118.0	115.0	106.2	108.1
中部		487	63,193	565	67,233	571	68,765	693	88,943	709	91,525
	前期比	104.5	98.0	113.0	97.0	117.2	108.8	122.7	132.3	124.2	133.1
福岡		483	67,619	557	72,379	602	77,190	618	78,227	538	64,283
	前期比	102.1	100.0	113.9	103.8	124.6	114.2	111.0	108.1	89.4	83.3
総合計		7,413	1,082,435	8,170	1,130,483	8,439	1,146,036	9,111	1,243,531	8,713	1,200,136
	前期比	106.0	105.8	110.9	106.5	113.8	105.9	111.5	110.0	103.2	104.7
		2017年11月調査		2018年6月調査		2018年11月調査		2019年6月調査		2019年11月調査	

空港		2020年夏		2020年冬		2021年夏		2021年冬		2022年夏	
		便数	座席数	便数	座席数	便数	座席数	便数	座席数	便数	座席数
成田		233	29,433	424	59,640	442	64,690	561	80,524	801	119,596
	前期比	7.9	7.2	14.4	14.2	189.7	219.8	132.3	135.0	181.2	184.9
羽田		63	9,474	162	23,259	258	36,565	277	39,577	348	47,872
	前期比	4.1	4.5	10.7	10.9	409.5	386.0	171.0	170.2	134.9	130.9
関西		19	2,723	78	10,443	72	10,234	91	13,434	151	21,783
	前期比	0.9	0.9	3.7	3.6	378.9	375.8	116.7	128.6	209.7	212.8
中部		期間中運航便なし		9	1,090	14	1,884	27	4,110	60	8,143
	前期比			1.3	1.2	–	–	300.0	377.1	428.6	432.2
福岡		6	927	12	1,556	10	1,271	18	2,137	43	5,415
	前期比	1.0	1.2	2.2	2.4	166.7	137.1	150.0	137.3	430.0	426.0
総合計		321	42,557	685	95,988	796	114,644	974	139,782	1,403	202,809
	前期比	3.5	3.4	7.9	8.0	248.0	269.4	142.2	145.6	176.3	176.9
		2020年6月調査		2020年11月調査		2021年6月調査		2021年11月調査		2022年6月調査	

注：定期旅客便のみ
資料：（株）トラベルジャーナル「週刊トラベルジャーナル」

●提供座席数

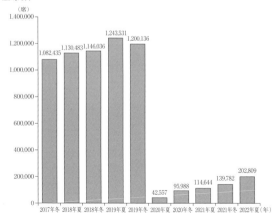

資料：（株）トラベルジャーナル「週刊トラベルジャーナル」

外航クルーズ乗客数の推移

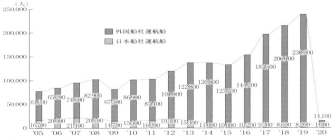

注：1 日本発着クルーズの他、フライ＆クルーズを含む。
　　2 端数処理のため合計値があわない場合がある。
　　3 外航クルーズ…乗船地、下船地及び寄港地のいずれかに海外が含まれるもの。
　　　国内クルーズ…乗船地、下船地及び寄港地の全てが日本国内であるもの。
資料：国土交通省海事局／港湾局　「2020年の我が国のクルーズ人口等の動向について」

外航クルーズエリア別乗客数及び海域別シェア

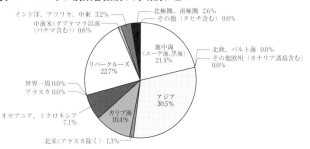

資料：国土交通省海事局／港湾局　「2020年の我が国のクルーズ人口等の動向について」

国内クルーズ泊数別乗客数の推移

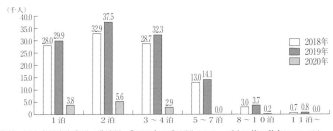

資料：国土交通省海事局／港湾局　「2020年の我が国のクルーズ人口等の動向について」

<資料編>

観光地域づくり法人（DMO）とは

　地域の多様な関係者を巻き込みつつ、科学的なアプローチを取り入れた観光地域づくりを行うかじ取り役となる法人。その管轄区域から「広域連携DMO」「地域連携DMO」「地域DMO」の３つに区分される。

都道府県別登録観光地域づくり法人（登録DMO）の件数

都道府県	広域連携	地域連携	地域	都道府県	広域連携	地域連携	地域
北海道	1	7	12	滋賀県	2	2	1
青森県	1	4	1	京都府	1	4	2
岩手県	1	2	4	大阪府	1	2	2
宮城県	1	3	1	兵庫県	2	4	2
秋田県	1	3	4	奈良県	1	1	2
山形県	1	3	1	和歌山県	1	3	7
福島県	2	1	5	鳥取県	2	3	0
茨城県	1	2	0	島根県	1	2	1
栃木県	1	1	2	岡山県	1	2	4
群馬県	1	3	4	広島県	1	2	4
埼玉県	1	2	3	山口県	1	1	3
千葉県	1	0	6	徳島県	3	3	1
東京都	1	0	1	香川県	2	1	1
神奈川県	1	2	4	愛媛県	1	3	3
新潟県	2	3	5	高知県	1	5	1
富山県	1	2	5	福岡県	1	2	4
石川県	1	1	5	佐賀県	1	0	3
福井県	1	1	1	長崎県	1	3	4
山梨県	1	2	4	熊本県	1	3	4
長野県	2	8	9	大分県	1	3	1
岐阜県	2	3	5	宮崎県	1	3	3
静岡県	1	4	1	鹿児島県	1	2	1
愛知県	1	2	1	沖縄県	1	1	4
三重県	2	2	6	登録件数	10	103	142

令和4年10月28日現在

注：１つのDMOが複数の都道府県を管轄とする場合、該当するすべての都道府県においてそれぞれ１とカウントした。

資料：国土交通省観光庁HP「観光地域づくり法人（DMO）」(https://www.mlit.go.jp/kankocho/page04_000053.html)
　　　国土交通省観光庁「登録観光地域づくり法人（登録DMO）　登録一覧（255件）」（令和4年10月28日現在）
　　　（資料をもとに（公社）日本観光振興協会にて編集。）

宿泊税の導入自治体一覧

自治体	宿泊料金 （1人1泊）	税率	施行日	令和2年度 決算額 （百万円）
東京都	10,000円以上 15,000円未満	100円	2002.10.1	89
	15,000円以上	200円		
大阪府	7,000円以上 15,000円未満	100円	2017.1.1	273
	15,000円以上 20,000円未満	200円		
	20,000円以上	300円		
京都府京都市	20,000円未満	200円	2018.10.1	1,290
	20,000円以上 50,000円未満	500円		
	50,000円以上	1,000円		
石川県金沢市	20,000円未満	200円	2019.4.1	424
	20,000円以上	500円		
北海道倶知安町	－	宿泊料金の2%	2019.11.1	52
福岡県 （北九州市・福岡市以外）	一律	200円	2020.4.1	627
福岡県北九州市	一律	200円 （うち県税50円）	2020.4.1	178
福岡県福岡市	20,000円未満	200円 （うち県税50円）	2020.4.1	685
	20,000円以上	500円 （うち県税50円）		

令和4年1月現在

注：東京都は令和2年7月1日〜令和3年9月30日まで課税停止
資料：総務省自治税務局「令和4年度地方税に関する参考係数資料」に基づき、（公社）日本観光振興協会作成。

観光関係略年表

1893（明26）	年3月	我が国初の外客誘致斡旋機関として「喜賓会」設立
1931（昭6）	年8月	東京飛行場（羽田）開設
'49（昭24）	年4月	単一為替レート設定1ドル360円
	6月	運輸省発足、運輸審議会設置、日本国有鉄道発足
	12月	「国際観光ホテル整備法」公布
'51（昭26）	年10月	官設機関国際同盟（IUOTO）に正式加入
'56（昭31）	年4月	国民宿舎設置始まる
	8月	「観光事業振興本要綱」閣議決定
'61（昭36）	年12月	運輸省として初めて「観光白書」発表
'62（昭37）	年11月	国民休暇村第1号（大山）完成
'63（昭38）	年6月	「観光基本法」制定、総理府に「観光政策審議会」設立
'64（昭39）	年4月	総理府「第1回観光白書」発表、海外渡航自由化
		日本観光協会設立
	10月	オリンピック・東京大会開催（10月10日～10月24日）
		東海道新幹線（東京～新大阪）開業
'65（昭40）	年7月	第1回「観光週間」実施、名神高速道全通
'66（昭41）	年3月	「東アジア観光協会」（EATA）設立
	11月	第21回国連総会、1967年を「国際観光年」に指定
'67（昭42）	年1月	「国際観光年」スタート、記念行事年間を通じ実施
'69（昭44）	年5月	東名高速道（東京～小牧）全通
'70（昭45）	年3月	「日本万国博覧会」（大阪）開催（3月15日～9月13日）
	10月	ディスカバージャパンのキャンペーン開始
'71（昭46）	年8月	金・ドル交換停止、各国変動相場制
	12月	スミソニアン協定設立、1ドル308円に（20日実施）
'72（昭42）	年2月	オリンピック・札幌大会開催（2月3日～2月13日）
	3月	山陽新幹線（新大阪～岡山）開業
	5月	沖縄、米国より返還
'73（昭48）	年2月	円が変動相場制へ移行
	4月	日曜と祭日が重なる場合の振替休日制度実施
'75（昭50）	年1月	IUOTO、世界観光機関（WTO）に改組
		WTO（世界観光機関）憲章発効
	3月	山陽新幹線（岡山～博多）開業
	7月	「沖縄国際海洋博覧会」開催（7月20日～'76年1月18日）
'78（昭53）	年5月	新東京国際空港（成田空港）開港
	7月	日本国政府、世界観光機関（WTO）加盟
'80（昭55）	年7月	オリンピック・モスクワ大会開催、日米独はアフガニスタン問題で不参加
'81（昭56）	年3月	神戸ポートアイランド博覧会（ポートピア81開催（3月20日～9月15日）

9

	5月	国鉄が外国人観光客向け「ジャパン・レール・パス」を日本航空の海外支店で発売開始
'82（昭57） 年	6月	東北新幹線（大宮〜盛岡）開業
	11月	上越新幹線（大宮〜新潟）開業
'83（昭58） 年	4月	「東京ディズニーランド」（千葉県）開業
'84（昭59） 年	7月	「観光政策審議会」は総理府から運輸省へ移管
'85（昭60） 年	3月	東北・上越新幹線上野乗入れ
		「国際科学技術博覧会」（茨城県筑波市）開催(3月17日〜9月16日)
	10月	関越自動車道全通
'86（昭61） 年	3月	「国際観光モデル地区」一次指定（15地区）
'87（昭62） 年	4月	日本国有鉄道分割民営化
	6月	「総合保養地域整備法・同施行令」公布・施行
		「国際観光モデル地区」二次指定（18地区）
	9月	海外旅行倍増計画（テン・ミリオン計画）の策定
'88（昭63） 年	3月	青函トンネル開通
	4月	神戸大橋開通
		「国際コンベンション・シティ」指定
		90年代観光振興行動計画（TAP90's）の策定
'89（昭64・平1）年	1月	昭和天皇崩御
		国の行政機関、土曜隔週閉庁始まる
	2月	金融機関土曜全休始まる
		吉野ヶ里遺跡発見
	4月	消費税導入
'90（平 2） 年	4月	「国際花と緑の博覧会」（大阪）開催（4月1日〜9月30日）
	11月	日本人海外旅行者が1,000万人、外国人訪日旅行者が300万人を超える
'91（平 3） 年	1月	湾岸地域における軍事衝突発生
	4月	労働基準法改正（法定労働時間の短縮）
	6月	雲仙普賢岳の噴火、大火砕流発生
		東北・上越新幹線東京駅乗入れ
	7月	観光交流拡大計画（ツー・ウェイ・ツーリズム21）策定
'92（平 4） 年	1月	「国際コンベンション・シティ」第二次指定
	3月	「ハウステンボス」（長崎）開業
		東海道新幹線「のぞみ」登場
	4月	観光事業振興助成交付金制度始まる
	5月	国家公務員完全週休2日制スタート
	6月	「地域伝統芸能等活用法」制定
	7月	山形新幹線（東京〜山形）開業
	9月	学校週休5日制（第二土曜休業）の実施
	12月	地域伝統芸能活用センター設立
		新東京国際空港第2旅客ターミナル供用開始

'93（平 5）	年 2 月	総合保養地域整備研究会より「今後のリゾート整備のあり方について」提言
	4 月	新「国際観光ホテル整備法」施行
	7 月	フェニックスリゾート「シーガイア」（宮崎）開業
		北海道南西沖地震発生
	9 月	東京国際空港（羽田）新ターミナル供用開始
	10 月	第 1 回「地域伝統芸能全国フェスティバル（石川）」開催
	12 月	法隆寺地域の仏教建造物、姫路城、屋久島、白神山地　世界遺産に登録
'94（平 6）	年 4 月	「志摩スペイン村」（三重）開業
	6 月	「国際会議等の誘致の促進および開催の円滑化等による国際観光の振興に関する法律（コンベンション法）」制定
	9 月	コンベンション法施行
		関西国際空港開港
	10 月	コンベンション法に基づく国際会議観光都市の認定（40 都市）
	11 月	世界観光大臣会議を含む「OSAKA ワールド・ツーリズム・フォーラム '94」開催『OSAKA 観光宣言』を採択
	12 月	「国際会議観光都市」追加認定（2 都市）
		古都京都の文化財　世界遺産に登録
'95（平 7）	年 1 月	阪神・淡路大震災発生
	3 月	円高、1 ドル 80 円台に突入
		東京で地下鉄サリン事件発生
	4 月	学校週 5 日制、4 月から第 4 土曜を追加し月 2 回実施へ
		「旅フェア '95」開催（幕張メッセ）
	6 月	観光政策審議会から「今後の観光対策の基本的な方向について」答申
		世界観光機関（WTO）アジア太平洋事務所を大阪に開設
	7 月	高速道路青森から鹿児島・宮崎まで開通
	10 月	「APEC 観光ワーキング・グループ」金沢会議開催
	11 月	パスポートの有効期間の延長
	12 月	白川郷・五箇山の合掌造り集落　世界遺産に登録
'96（平 8）	年 4 月	改正旅行業法施行
		「旅フェア '96」開催（幕張メッセ）
		国際会議観光都市の第二次認定（3 都市）
	5 月	観光政策審議会において「ウエルカムプラン 21（訪日観光交流倍増計画）」を公表
	6 月	改正旅館業法施行
	11 月	民間団体が組織する「祝日三連休化推進会議」発足
	12 月	原爆ドーム、厳島神社　世界遺産に登録
'97（平 9）	年 5 月	「旅フェア '97」開催（インテックス大阪）
	6 月	「外国人観光客の来訪地域の多様化の促進による国際観光の振興に関する法律」公布・施行

9

	10月	青森県において日本初の県全域対象の「あおもりウェルカムカード」発行
		長野新幹線開業
'98（平 10）	年 2月	オリンピック・長野大会開催（2月7日～2月22日）
	4月	神戸淡路鳴門自動車道（明石海峡大橋）開通
		「外客来訪促進計画」の同意（富士箱根伊豆・東海・瀬戸内地区）
		「旅フェア '98」開催（幕張メッセ）
	9月	「外客来訪促進計画」の同意（北海道・関西地区）
	10月	「成人の日」及び「体育の日」をそれぞれ1月及び10月の第2月曜日とする改正祝日法成立
	11月	第1回「広域連携観光振興会議（東北 WAC21）」開催
		「外客来訪促進計画」の同意（北陸・東中四国地区）
	12月	古都奈良の文化財　世界遺産に登録
'99（平 11）	年 2月	「外客来訪促進計画」の同意（北東北・沖縄地区）
	4月	「旅フェア '99」開催（ナゴヤドーム）
	5月	西瀬戸自動車道「瀬戸内しまなみ海道」開通
	7月	国際会議観光都市の第三次認定（4都市）
	8月	「外客来訪促進計画」の同意（南東北地区）
	11月	第2回「広域連携観光振興会議（北陸 WAC21）」開催
	12月	日光の社寺　世界遺産に登録
		「観光産業振興フォーラム」発足
2000（平 12）	年 1月	「成人の日」及び「体育の日」をそれぞれ1月及び10月の第2月曜日とする改正祝日法施行
	3月	ジャパンフローラ2000「淡路花博（兵庫）」開催（3月18日～9月17日）
		特別地方消費税廃止
	4月	「全国広域観光振興事業」始まる
		「旅フェア2000」開催（幕張メッセ）
	5月	「新ウェルカムプラン21」提言（観光産業振興フォーラム　平成12年度総会）
		「日中文化観光交流使節団2000」の派遣
	12月	観光政策審議会から「21世紀初頭における観光振興方策について」答申
		琉球王国のグスク及び関連遺産群　世界遺産に登録
2001（平 13）	年 1月	「外客来訪促進計画」の同意（九州地区）
	2月	第3回「広域連携観光振興会議（南九州 WAC21）」開催
	3月	「ユニバーサル・スタジオ・ジャパン」開業
	4月	「旅フェア2001」開催（東京ビッグサイト）
	6月	「国民の祝日に関する法律および老人福祉法の一部を改正する法律」が成立
		平成15年から「海の日」「敬老の日」が月曜日に指定

	9月	米国で同時多発テロ発生
		「東京ディズニーシー」開業
		第14回「世界観光機関総会（日韓共同開催）」開催
	11月	地域紹介・観光ボランティアガイド／全国善意通訳ガイド全国大会（下呂温泉）」合同大会開催
		（社）日本ツーリズム産業団体連合会設立
2002（平14）	年1月	EU12ヵ国でユーロ紙幣・硬貨の流通開始
	4月	「旅フェア2002」開催（幕張メッセ）
	5月	日中友好文化観光交流式典
		新東京国際空港の暫定平行滑走路の供用開始
	6月	「ワールドカップサッカー大会（日韓共催）」開催
	10月	日本航空と日本エアシステムが共同持株会社㈱日本航空システムを設立し、経営統合
	12月	東北新幹線八戸延伸「はやて」開業
		グローバル観光戦略策定
2003（平15）	年1月	ゆとり休暇大使の任命
		観光カリスマ選定はじまる
	2月	訪日旅行ビザ問題研究会提言を発表
	3月	重症急性呼吸器感染症（SARS）の集団発生
		イラク戦争勃発
	4月	ビジット・ジャパン・キャンペーン実施本部開設
		「旅フェア2003」開催（パシフィコ横浜）
	5月	観光立国関係閣僚会議の開催
	7月	観光立国行動計画策定
	8月	沖縄都市モノレール「ゆいれーる」開業
2004（平16）	年2月	観光立国シンポジウム開催
	3月	九州新幹線「つばめ」新八代／鹿児島中央間開業
	4月	浜名湖花博開催（4月8日〜10月11日）
		「旅フェア2004」開催（ナゴヤドーム）
	5月	旅行業法改正法案成立
	6月	「景観緑三法」公布
	7月	紀伊山地の霊場と参詣道　世界遺産に登録
	9月	「2010年訪日外客1,000万人達成へのロードマップ」作成
	12月	スマトラ沖大地震
2005（平17）	年1月	事前旅客情報システム導入
	2月	2月5日〜20日を「YOKOSO！JAPAN WEEKS」として設定
		中部国際空港開業
	3月	「愛・地球博」開幕
	4月	（4月22日〜24日）旅の総合見本市「旅フェア2005」開催（幕張メッセ）
	7月	知床　世界遺産に登録
	8月	つくばエクスプレス開業

9

2006（平 18）	年 2 月	神戸空港開港
	3 月	新北九州空港開港
	4 月	地域ブランド商標登録開始
	5 月	ジャワ島中部地震発生
	6 月	「旅フェア 2006」開催（幕張メッセ）
	7 月	日中韓観光大臣会合開催
2007（平 19）	年 1 月	「観光立国推進基本法」施行
		国交省「宿泊旅行統計調査」開始
	2 月	観光立国推進全国大会の開催
	4 月	「旅フェア 2007」開催（幕張メッセ）
		「自動車旅行推進機構」発足
	6 月	観光立国推進基本法に基づく「観光立国推進基本計画」まとまる
	7 月	石見銀山遺跡とその文化的景観　世界遺産に登録
		新潟中越沖地震発生
	8 月	世界陸上大阪大会
	10 月	郵政民営化「日本郵政グループ」
2008（平 20）	年 1 月	「観光圏」法を制定
	2 月	秋の「国民の日」確定
	5 月	「観光圏整備法」成立
		中国四川大地震発生
	6 月	「旅フェア 2008」開催　（パシフィコ横浜）
		「大都市観光国際会議」開催
		「エコツーリズムの基本方針」閣議決定
		岩手・宮城内陸地震発生
	7 月	洞爺湖サミット
		「YOKOSO！JAPAN シンポジウムイン関東」開催
	10 月	観光庁発足
	11 月	2009 日本香港観光交流年　発表
2009（平 21）	年 3 月	2009 日台観光サミット開催（静岡）
	4 月	新型インフルエンザ発生
	5 月	「旅フェア 2009」開催（パシフィコ横浜）
2010（平 22）	年 3 月	茨城空港開港
	5 月	「旅フェア 2010」開催（幕張メッセ）
	7 月	中国訪日個人観光ビザの基準緩和
	10 月	羽田空港新国際線ターミナル供用開始
	12 月	東北新幹線全線開業
2011（平 23）	年 2 月	ニュージーランド地震発生
	3 月	東日本大震災発生
		九州新幹線全線開業

	4月	日本観光協会と日本ツーリズム産業団体連合会が合併し日本観光振興協会に
	6月	小笠原諸島、平泉－仏国土（浄土）を表す建築・庭園及び考古学的遺産群　世界遺産に登録
	10月	B787 世界初デビュー
2012（平24）	年3月	「観光立国推進基本法」閣議決定
		LCC 就航開始　ピーチアビエーション、ジェットスタージャパン、エアアジアジャパン
	5月	「東京スカイツリー」開業
	9月	「尖閣諸島国有化」決定
	10月	東京駅丸の内駅舎復原
	11月	「旅フェア日本 2012」開催（池袋サンシャインシティ）
	12月	岩国錦帯橋空港開港
2013（平25）	年3月	新石垣空港開港
		10 種類の交通系 IC カードが相互利用開始
	4月	日本観光振興協会が公益社団法人化
		東京ディズニーリゾート 30 周年
	6月	富士山－信仰の対象と芸術の源泉　世界遺産に登録
	9月	2020 年東京オリンピック決定
	12月	LCC 就航開始　バニラ・エア
2014（平26）	年3月	地上300m 日本一の超高層ビル「あべのハルカス」が全面開業
	4月	消費税が5%から8%に増税
		三陸鉄道が全線で運行再開
	6月	富岡製糸工場と絹産業遺産群　世界遺産に登録
	6月	観光立国実現に向けたアクション・プログラム 2014 決定
	9月	ツーリズム EXPO ジャパン初開催
	10月	東海道新幹線開業 50 年
	11月	「和紙」がユネスコ無形文化遺産に決定
2015（平27）	年3月	北陸新幹線開業
	4月	文化庁が「日本遺産」として 18 件を初認定
	6月	観光立国実現に向けたアクション・プログラム 2015 決定
		日韓国交正常化 50 年
	7月	明治日本の産業革命遺産　製鉄・製鋼、造船、石炭産業　世界文化遺産に登録
	9月	「ツーリズム EXPO ジャパン 2015」開催
	10月	スポーツ庁設置
	11月	観光庁が「日本版 DMO 候補法人」の登録制度を創設
2016（平28）	年3月	北海道新幹線開業
		ユニバーサル・スタジオ・ジャパン 15 周年
	4月	平成 28 年熊本地震発生

9

	4月	文化庁が新たに 19 件を「日本遺産」に認定
		迎賓館赤坂離宮の通年一般公開開始
	5月	観光ビジョンの実現に向けたアクション・プログラム 2016 決定
		伊勢志摩サミット
	7月	国立西洋美術館がル・コルビュジエの建築作品として世界遺産に登録
		京都迎賓館の通年一般公開開始
		環境省が「国立公園満喫プロジェクト」のモデル事業として全国 8 つの国立公園を指定
	8月	「山の日」の祝日化開始
	9月	東京ディズニーシー 15 周年
	9月	「ツーリズム EXPO ジャパン 2016」開催
	12月	「特定複合観光施設区域の整備の推進に関する法律（IR 推進法）」成立
2017（平 29）	年2月	プレミアムフライデー実施開始
	4月	「レゴランド・ジャパン」開業
		国鉄民営化 30 周年
		文化庁が新たに 17 件を「日本遺産」に認定
	5月	「通訳案内士法及び旅行業法の一部を改正する法律」成立
		観光ビジョンの実現に向けたアクション・プログラム 2017 決定
	6月	「住宅宿泊事業法（民泊新法）」成立
	7月	「神宿る島」宗像・沖ノ島と関連遺産群　世界遺産に登録
	9月	「ツーリズム EXPO ジャパン 2017」開催
2018（平 30）	年1月	明治 150 周年
	4月	「国際観光旅客税（出国税）法」成立
		東京ディズニーリゾート 35 周年
	5月	文化庁が新たに 13 件を「日本遺産」に認定
	6月	観光ビジョンの実現に向けたアクション・プログラム 2018 決定
		「住宅宿泊事業法」施行
		長崎と天草地方の潜伏キリシタン関連遺産　世界遺産に登録
	7月	「特定複合観光施設区域整備法（IR 整備法）」成立
	9月	北海道胆振東部地震発生
		「ツーリズム EXPO ジャパン 2018」開催
	10月	豊洲新市場開場
	11月	「来訪神：仮面・仮装の神々」がユネスコ無形文化遺産に決定
	12月	「天皇の即位の日及び即位礼正殿の儀の行われる日を休日とする法律」施行
2019（平 31）	年1月	国際観光旅客税（出国税）徴収開始
	3月	「ムーミンバレーパーク」開業
2019（令 1）	年5月	新天皇陛下即位　新元号へ
	6月	文化庁が新たに 16 件を「日本遺産」に認定

	6月	観光ビジョン実現プログラム 2019 決定
		G20 大阪サミット開催
	7月	百舌鳥・古市古墳群　世界遺産に登録
	9月	ラグビーワールドカップ 2019 日本大会開催
		中部国際空港の LCC 向け「第 2 ターミナル」開業
	10月	「ツーリズム EXPO ジャパン 2019」開催
		G20 観光大臣会合開催
2020（令 2）年	1月	新型コロナウイルス感染症の世界的な拡大を受け WHO が「緊急事態」を宣言
	4月	国内の新型コロナウイルス感染症の拡大を受け政府が初めて「緊急事態宣言」発令
	5月	「文化観光拠点施設を中核とした地域における文化観光の推進に関する法律（文化観光推進法）」施行
	6月	文化庁が新たに 21 件を「日本遺産」に認定
	7月	観光ビジョン実現プログラム 2020 決定
		「Go To トラベルキャンペーン」開始
	10月	「ツーリズム EXPO ジャパン 2020」開催
2021（令 3）年	3月	ユニバーサル・スタジオ・ジャパン 20 周年
	7月	東京 2020 オリンピック開催（7月 23 日〜 8月 8日）
		奄美大島、徳之島、沖縄島北部及び西表島　北海道・北東北の縄文遺跡群　世界遺産に登録
	8月	東京 2020 パラリンピック開催（8月 24 日〜 9月 5日）
	9月	東京ディズニーシー 20 周年
2022（令 4）年	2月	ロシアによるウクライナ軍事侵攻
	5月	沖縄返還 50 年
	9月	「ツーリズム EXPO ジャパン 2022」開催
	10月	観光需要喚起策「全国旅行支援」の実施開始
		鉄道開業 150 年
		円安　一時 1 ドル 150 円突破
	11月	「ジブリパーク」開園

9

関係省庁等一覧

	〒	所　在　地	TEL
衆　　議　　院	100-8960	千代田区永田町 1-7-1 http://www.shugiin.go.jp/	(03)3581-5111
参　　議　　院	100-8961	同　　　　上 http://www.sangiin.go.jp/	(03)3581-3111
内　閣　官　房	100-8968	千代田区永田町 1-6-1 http://www.cas.go.jp/	(03)5253-2111
内　　閣　　府	100-8914	千代田区永田町 1-6-1 http://www.cao.go.jp/	(03)5253-2111
警　　察　　庁	100-8974	千代田区霞が関 2-1-2 http://www.npa.go.jp/	(03)3581-0141
金　　融　　庁	100-8967	千代田区霞が関 3-2-1 http://www.fsa.go.jp/	(03)3506-6000
総　　務　　省	100-8926	千代田区霞が関 2-1-2 http://www.soumu.go.jp/	(03)5253-5111
法　　務　　省	100-8977	千代田区霞が関 1-1-1 http://www.moj.go.jp/	(03)3580-4111
外　　務　　省	100-8919	千代田区霞が関 2-2-1 http://www.mofa.go.jp/mofaj/	(03)3580-3311
財　　務　　省	100-8940	千代田区霞が関 3-1-1 http://www.mof.go.jp/	(03)3581-4111
文　部　科　学　省	100-8959	千代田区霞が関 3-2-2 http://www.mext.go.jp/	(03)5253-4111
ス　ポ　ー　ツ　庁	100-8959	千代田区霞が関 3-2-2 http://www.mext.go.jp/sports/	(03)5253-4111
文　　化　　庁	100-8959	千代田区霞が関 3-2-2 http://www.bunka.go.jp/	(03)5253-4111
厚　生　労　働　省	100-8916	千代田区霞が関 1-2-2 http://www.mhlw.go.jp/	(03)5253-1111
農　林　水　産　省	100-8950	千代田区霞が関 1-2-1 http://www.maff.go.jp/	(03)3502-8111
経　済　産　業　省	100-8901	千代田区霞が関 1-3-1 http://www.meti.go.jp/	(03)3501-1511
中　小　企　業　庁	100-8912	千代田区霞が関 1-3-1 http://www.chusho.meti.go.jp/	(03)3501-1511
国　土　交　通　省	100-8918	千代田区霞が関 2-1-3 http://www.mlit.go.jp/	(03)5253-8111
観　　光　　庁	100-8918	千代田区霞が関 2-1-2	(03)5253-8111
総務課	〃	〃	(03)5253-8321
総務課調整室	〃	〃	(03)5253-8703
観光戦略課	〃	〃	(03)5253-8322
観光戦略課観光統計調査室	〃	〃	(03)5253-8325
観光産業課	〃	〃	(03)5253-8330
観光産業課民泊業務適正化指導室	〃	〃	(03)5253-8330
観光産業課旅行業務適正化指導室長	〃	〃	(03)5253-8329
参事官（旅行振興担当）	〃	〃	(03)5253-8329
国際観光課	〃	〃	(03)5253-8324
国際観光課総合計画室	〃	〃	(03)5253-8923
国際観光課アジア市場推進室	〃	〃	(03)5253-8923
国際観光課欧米豪市場推進室	〃	〃	(03)5253-8324
国際観光課新市場開発室	〃	〃	(03)5253-8324
参事官（MICE 担当）	〃	〃	(03)5253-8938
参事官（国際関係・ 　　　　観光人材政策担当）	〃	〃	(03)5253-8922 (03)5253-8367
観光地域振興課	〃	〃	(03)5253-8328
観光地域振興課広域連携推進室	〃	〃	(03)5253-8327
観光地域振興課観光地域政策企画室	〃	〃	(03)5253-8328
観光資源課	〃	〃	(03)5253-8924
観光資源課地域資源活用推進室	〃	〃	(03)5253-8925
観光資源課新コンテンツ開発推進室	〃	〃	(03)5253-8924
参事官（外客受入担当）	〃	http://www.mlit.go.jp/kankocho/	(03)5253-8972
気象庁	105-8431	港区虎ノ門 3-6-9 http://www.jma.go.jp/	(03)6758-3900
環境省	100-8975	千代田区霞が関 1-2-2 http://www.env.go.jp/	(03)3581-3351
防衛省	162-8801	新宿区市谷本村町 5-1 http://www.mod.go.jp/	(03)5366-3111

国土交通省・運輸局（観光担当）一覧

名　称		住　所	TEL	FAX
国 土 交 通 省 観光庁	100-8918	東京都千代田区霞ヶ関 2-1-2 中央合同庁舎 2 号館	(03) 5253-8111（代）	(03) 5253-1632
北海道運輸局観光部 観光企画課 国際観光課 観光地域振興課	060-0042	札幌市中央区大通西 10 丁目 札幌第 2 合同庁舎 （北海道）	(011) 290-2700（直） 290-2723（直） 290-2722（直）	(011) 290-2702
東 北 運 輸 局 観 光 部 観光企画課 国際観光課 観光地域振興課	983-8537	仙台市宮城野区鉄砲町 1 仙台第 4 合同庁舎 （青森 岩手 宮城 福島 秋田 山形）	(022) 791-7509（直） 791-7510（直） 380-1001（直）	(022) 791-7538
関 東 運 輸 局 観 光 部 観光企画課 国際観光課 観光地域振興課	231-8433	横浜市中区北仲通 5-57 横浜第 2 合同庁舎 （茨城 栃木 群馬 埼玉 千葉 東京 神奈川 山梨）	(045) 211-1255（直） 211-7273（直） 211-7265（直）	(045) 211-7270
北陸信越運輸局観光部 観光企画課 国際観光課 観光地域振興課	950-8537	新潟市中央区美咲町 1-2-1 新潟美咲合同庁舎 2 号館 （新潟 長野 富山 石川）	(025) 285-9181（直）	(025) 285-9172
中 部 運 輸 局 観 光 部 観光企画課 国際観光課 観光地域振興課	460-8528	名古屋市中区三の丸 2-2-1 名古屋合同庁舎 1 号館 （福井 岐阜 静岡 愛知 三重）	(052) 952-8045（直） 952-8005（直） 952-8009（直）	(052) 952-8087
近 畿 運 輸 局 観 光 部 観光企画課 国際観光課 観光地域振興課	540-8558	大阪市中央区大手前 4-1-76 大阪合同庁舎第 4 号館 （滋賀 京都 大阪 兵庫 奈良 和歌山）	(06) 6949-6466（直） 6949-6796（直） 6949-6411（直）	(06) 6949-6135
中 国 運 輸 局 観 光 部 観光企画課 国際観光課 観光地域振興課	730-8544	広島市中区上八丁堀 6-30 広島合同庁舎第 4 号館 （鳥取 島根 岡山 広島 山口）	(082) 228-8701（直） 228-8702（直） 228-8703（直）	(082) 228-9412
四 国 運 輸 局 観 光 部 観光企画課 国際観光課 観光地域振興課	760-0019	高松市サンポート 3-33 高松サンポート合同庁舎南館 （徳島 香川 愛媛 高知）	(087) 802-6735（直） 802-6736（直） 802-6737（直）	(087) 802-6732
九 州 運 輸 局 観 光 部 観光企画課 国際観光課 観光地域振興課	812-0013	福岡市博多区博多駅東 2-11-1 福岡合同庁舎新館 （福岡 佐賀 長崎 熊本 大分 宮城 鹿児島）	(092) 472-2330（直） 472-2335（直） 472-2920（直）	(092) 472-2334
沖 縄 総 合 事 務 局 運輸部	900-0006	那覇市おもろまち 2-1-1 那覇第 2 地方合同庁舎 2 号館	(098) 866-1812（直）	(098) 860-2369

注：（　　）は管轄区域

9

広域組織一覧

組織	〒	所　在　地	TEL	FAX
(公社)北海道観光振興機構	060-0003	北海道札幌市中央区北3条西7-1-1 緑苑ビル1階 https://www.visit-hokkaido.jp	(011) 231-0941	(011) 232-5064
(一社)東北観光推進機構	980-0811	宮城県仙台市青葉区一番町2-2-13 仙建ビル8階 https://www.tohokukanko.jp	(022) 721-1291	(022) 721-1293
(一社)関東観光広域連携事業推進協議会	222-0033	横浜市港北区新横浜2-13-4 神交共ビル4階 https://tokyoandaroundtokyo.com	(045) 628-9120	(045) 628-9140
(一社)中央日本総合観光機構	450-0002	愛知県名古屋市中村区名駅4-2-28 名古屋第二埼玉ビル4階 https://go-centraljapan.jp/ja/	(052) 602-6651	(052) 756-2727
(一財)関西観光本部	530-0005	大阪府大阪市北区中之島2-2-2 大阪中之島ビル7階 https://kansai.or.jp	(06) 6223-7200	(06) 6223-7205
中国地域観光推進協議会	730-0041	広島県広島市中区小町4-33 中電ビル3号館3階　中国経済連合会内 https://www.into-you.jp	(082) 249-2682	(082) 249-2680
(一社)四国ツーリズム創造機構	760-0019	香川県高松市サンポート2-1 高松シンボルタワータワー棟3階 https://shikoku-tourism.com	(087) 813-0431	(087) 813-0312
(一社)九州観光機構	810-0004	福岡県福岡市中央区渡辺通2-1-82 電気ビル共創館7階 https://www.welcomekyushu.jp	(092) 751-2943	(092) 751-2944

都道府県・政令指定都市（※）

観光主管課・東京事務所・東京（観光）案内所一覧

都道府県	〒	第一段　都道府県観光主管課 第二段　東京事務所／東京本部 第三段　東京（観光）案内所／情報発信拠点	TEL	FAX
北 海 道	060-8588	札幌市中央区北3条西6丁目 観光局観光振興課　（観光企画）	(011) 206-6596	(011) 232-4120
	100-0014	千代田区永田町 2-17-17 永田町ほっかいどうスクエア1階	(03) 3581-3411	(03) 3581-3695
	102-0093	千代田区平河町 2-6-3　都道府県会館15階 観光・企業誘致課	(03) 5212-9210	(03) 5212-9004
※札 幌 市	060-8611	札幌市中央区北1条西2丁目 観光・MICE推進課	(011) 211-2376	(011) 218-5129
青 森 県	030-8570	青森市長島 1-1-1 誘客交流課	(017) 734-9384	(017) 734-8126
	102-0093	千代田区平河町 2-6-3　都道府県会館7階	(03) 5212-9113	(03) 5212-9114
	102-0071	千代田区富士見 2-3-11　青森県会館1階 あおもり北彩館	(03) 5276-1788	(03) 5276-1789
岩 手 県	020-8570	盛岡市内丸 10-1 観光・プロモーション室	(019) 629-5574	(019) 623-2001
	104-0061	中央区銀座 5-15-1　南海東京ビル2階	(03) 3524-8283	(03) 3524-8317
	104-0061	中央区銀座 5-15-1　南海東京ビル1階 いわて銀河プラザ	(03) 3524-8282	(03) 3524-8286
宮 城 県	980-8570	仙台市青葉区本町 3-8-1 観光政策課	(022) 211-2823	(022) 211-2829
	102-0093	千代田区平河町 2-6-3　都道府県会館12階	(03) 5212-9045	(03) 5212-9049
	170-0013	豊島区東池袋 1-2-2　東池ビル1階2階 宮城ふるさとプラザ　コ・コ・みやぎ	(03) 5956-3511	(03) 5956-3513
※仙 台 市	980-8671	仙台市青葉区国分町 3-7-1 観光課	(022) 214-8259	(022) 214-8316
秋 田 県	010-8572	秋田市山王 3-1-1 観光戦略課	(018) 860-1462	(018) 860-3879
	102-0093	千代田区平河町 2-6-3　都道府県会館7階	(03) 5212-9115	(03) 5212-9116
	102-0093	千代田区平河町 2-6-3　秋田県東京事務所内	(03) 5212-9115	(03) 5212-9116
山 形 県	990-8570	山形市松波 2-8-1 観光復活戦略課	(023) 630-3821	(023) 630-2097
	102-0093	千代田区平河町 2-6-3　都道府県会館13階	(03) 5212-9026	(03) 5212-9028
	104-0061	中央区銀座 1-5-10　ギンザファーストファイブル2階　おいしい山形プラザ内	(03) 5250-1750	(03) 5250-1751
福 島 県	960-8670	福島市杉妻町 2-16 観光交流課	(024) 521-7286	(024) 521-7888
	102-0093	千代田区平河町 2-6-3　都道府県会館12階	(03) 5212-9050	(03) 5212-9195
	103-0022	中央区日本橋室町 4-3-16　柳屋太洋ビル1階 日本橋ふくしま館 MIDETTE（ミデッテ）	(03) 6262-3977	(03) 6262-3978

都道府県	〒	第一段　都道府県観光主管課 第二段　東京事務所／東京本部 第三段　東京(観光)案内所／情報発信拠点	TEL	FAX
茨城県	310-8555	水戸市笠原町 978-6 　　　　　　　　　　　　　観光物産課	(029) 301-3622	(029) 301-3629
	102-0093	千代田区平河町 2-6-3　都道府県会館 9 階	(03) 5212-9088	(03) 5212-9089
	102-0093	千代田区平河町 2-6-3　都道府県会館 9 階	(03) 5212-9191	(03) 5212-9089
栃木県	320-8501	宇都宮市塙田 1-1-20 　　　　　　　　　　　　　観光交流課	(028) 623-3210	(028) 623-3306
	102-0093	千代田区平河町 2-6-3　都道府県会館 11 階	(03) 5212-8715	(03) 5210-6825
	131-0045	墨田区押上 1-1-2　東京スカイツリータウンソ ラマチイーストヤード 4 階　とちまるショップ	(03) 5809-7280	(03) 5809-7281
群馬県	371-8570	前橋市大手町 1-1-1 　　　　　　　　　　　　　観光魅力創出課	(027) 226-3381	(027) 223-1197
	102-0093	千代田区平河町 2-6-3　都道府県会館 8 階	(03) 5212-9102	(03) 5212-9103
	104-0061	中央区銀座 7 丁目 10-5　The ORB Luminous1-2 階 アンテナショップ　ぐんまちゃん家	(03) 3571-3086	(03) 3571-3089
埼玉県	330-9301	さいたま市浦和区高砂 3-15-1 　　　　　　　　　　　　　観光課	(048) 830-3950	(048) 830-4819
	102-0093	千代田区平河町 2-6-3　都道府県会館 8 階	(03) 5212-9104	(03) 5212-9105
*さいたま市	330-9588	さいたま市浦和区常盤 6-4-4 　　　　　　　　　　　　　観光国際課	(048) 829-1365	(048) 829-1944
千葉県	260-8667	千葉市中央区市場町 1-1 　　　　　　　　　　　　　観光企画課	(043) 223-2415	(043) 225-7345
	102-0093	千代田区平河町 2-6-3　都道府県会館 14 階	(03) 5212-9013	(03) 5212-9014
*千葉市	260-8722	千葉市中央区千葉港 1-1 　　　　　　　　　　　　　観光 MICE 企画課	(043) 245-5282	(043) 245-5669
東京都	163-8001	新宿区西新宿 2-8-1　第一本庁舎 19 階 　　　　　　　　　　　　　観光部企画課	(03) 5320-4765	(03) 5388-1463
	163-8001	新宿区西新宿 2-8-1　第一本庁舎 1 階 東京観光情報センター東京都庁	(03) 5321-3077	(03) 5321-3078
神奈川県	231-8588	横浜市中区日本大通 1 　　　　　　　　　　　　　観光課	(045) 210-5765	(045) 210-8870
	102-0093	千代田区平河町 2-6-3　都道府県会館 9 階	(03) 5212-9090	(03) 5212-9091
*横浜市	231-0005	横浜市中区本町 6-50-10　市庁舎 30 階 　　　　　　　　　　　　　観光振興課	(045) 671-2596	(045) 663-6540
*川崎市	210-0007	川崎市川崎区駅前本町 11-2　川崎フロンティ アビル 10 階　　観光・地域活力推進部	(044) 200-2327	(044) 200-3920
*相模原市	252-5277	相模原市中央区中央 2-11-15 観光・シティプロモーション 課　観光振興班	(042) 769-8236	(042) 753-7831
新潟県	950-8570	新潟市中央区新光町 4-1 　　　　　　　　　　　　　観光企画課	(025) 280-5253	(025) 285-5678
	102-0093	千代田区平河町 2-6-3　都道府県会館 15 階	(03) 5212-9002	(03) 5210-9090
	150-0001	渋谷区神宮前 4-11-7　表参道・新潟館ネ スパス内　新潟県東京観光センター	(025) 283-1188 ※新潟県観光協会	
*新潟市	951-8554	新潟市中央区古町通 7 番町 1010 番地 古町ルフル 5 階　　　　観光政策課	(025) 226-2608	(025) 228-6188

都道府県	〒	第一段　都道府県観光主管課 第二段　東京事務所／東京本部 第三段　東京(観光)案内所／情報発信拠点	TEL	FAX
長 野 県	380-8570	長野市大字南長野字幅下 692-2　　　　山岳高原観光課	(026) 235-7250	(026) 235-7257
	102-0093	千代田区平河町 2-6-3　都道府県会館 12 階	(03) 5212-9055	(03) 5212-9196
	104-0061	中央区銀座 5-6-5　NOCO ビル 2 階 銀座 NAGANO 観光情報センター	(03) 6274-6017	(03) 6274-6558
山 梨 県	400-8501	甲府市丸の内 1-6-1　　　　観光文化政策課	(055) 223-3776	(055) 223-1574
	102-0093	千代田区平河町 2-6-3　都道府県会館 13 階	(03) 5212-9033	(03) 5212-9034
静 岡 県	420-8601	静岡市葵区追手町 9-6　　　　観光振興課	(054) 221-3637	(054) 221-3627
	102-0093	千代田区平河町 2-6-3　都道府県会館 13 階 ふじのくに大使館 (※東京事務所内に東京観光営業所を設置)	(03) 5212-9035	(03) 5212-9038
*静 岡 市	420-8602	静岡市葵区追手町 5-1　　　　観光・MICE 推進課	(054) 221-1438	(054) 221-1312
*浜 松 市	430-8652	浜松市中区元城町 103-2　　　　観光・シティプロモーション課	(053) 457-2295	(050) 3730-8899
富 山 県	930-8501	富山市新総曲輪 1-7　　　　観光振興室	(076) 444-3500	(076) 444-4404
	102-0093	千代田区平河町 2-6-3　都道府県会館 13 階 富山県首都圏本部	(03) 5212-9030	(03) 5212-9029
	103-0022	中央区日本橋室町 1-2-6　日本橋大栄ビル 1F 日本橋とやま館	(03) 6262-2723	(03) 6262-2724
石 川 県	920-8580	金沢市鞍月 1-1　　　　観光企画課	(076) 225-1127	(076) 225-1129
	102-0093	千代田区平河町 2-6-3　都道府県会館 14 階	(03) 5212-9168	(03) 5212-9018
	104-0061	中央区銀座 2-2-18　TH 銀座ビル 2 階 いしかわ百万石物語・江戸本店	(03) 6228-7172	(03) 5579-5892
福 井 県	910-0004	福井市宝永 2-4-10　　　　観光誘客課	(0776) 20-0380	(0776) 20-0381
	102-0093	千代田区平河町 2-6-3　都道府県会館 10 階	(03) 5212-9074	(03) 5212-9076
	107-0062	港区南青山 5-4-41　グラッセリア青山内 ふくい南青山 291	(03) 5778-0291	(03) 5778-0305
岐 阜 県	500-8570	岐阜市薮田南 2-1-1　　　　観光企画課	(058) 272-8079	(058) 278-2674
	102-0093	千代田区平河町 2-6-3　都道府県会館 14 階	(03) 5212-9020	(03) 5210-6871
愛 知 県	460-8501	名古屋市中区三の丸 3-1-2　　　　観光振興課	(052) 954-6134	(052) 973-3584
	102-0093	千代田区平河町 2-6-3　都道府県会館 9 階	(03) 5212-9972	(03) 5212-9095
*名 古 屋 市	460-8508	名古屋市中区三の丸 3-1-1　　　　観光推進課	(052) 972-2425	(052) 972-4200
三 重 県	514-8570	津市広明町 13　　　　観光政策課	(059) 224-2077	(059) 224-2801
	102-0093	千代田区平河町 2-6-3　都道府県会館 11 階	(03) 5212-9065	(03) 5212-9066
	103-0022	中央区日本橋室町 2-4-1　YUITO ANNEX 2 階三重テラス	(03) 5542-1035	(03) 5542-1034

9

都道府県	〒	第一段　都道府県観光主管課 第二段　東京事務所／東京本部 第三段　東京(観光)案内所／情報発信拠点	TEL	FAX
滋賀県	520-8577	大津市京町 4-1-1　　　　　　　　　　観光振興局	(077) 528-3741	(077) 528-4877
	102-0093	千代田区平河町 2-6-3　都道府県会館 8 階	(03) 5212-9107	(03) 5212-9108
	103-0027	中央区日本橋 2-7-1 ここ滋賀	(03) 6281-9871	(03) 6281-9877
京都府	602-8570	京都市上京区下立売通新町西入藪ノ内町 　　　　　　　　　　　　　　　　　観光室	(075) 414-4843	(075) 414-4870
	102-0093	千代田区平河町 2-6-3　都道府県会館 8 階	(03) 5212-9109	(03) 5212-9110
	100-0005	千代田区丸の内 1-8-1　丸の内トラストタワー N 館 1 階　TIC TOKYO 内	(03) 5220-7055	－
⊕京都市	604-0924	京都市中京区河原町通二条下ル一之船入町 384 ヤサカ河原町ビル 7 階　　観光 MICE 推進室	(075) 746-2255	(075) 213-2021
	100-0005	千代田区丸の内 1-6-5 丸の内北口ビルディング 14 階	(03) 6551-2671	(03) 6551-2674
大阪府	559-8555	大阪市住之江区南港北 1-14-16　大阪府咲洲庁舎 37 階　　　　　　　　企画・観光課	(06) 6210-9313	(06) 6210-9316
	102-0093	千代田区平河町 2-6-3　都道府県会館 7 階	(03) 5212-9118	(03) 5212-9119
＊大阪市	553-0005	大阪市福島区野田 1-1-86　大阪市中央卸売市場本場業務管理棟 12 階　　　観光課	(06) 6469-5151	(06) 6469-3896
＊堺　市	590-0078	堺市堺区南瓦町 3-1 　　　　　　　　　　　　　　観光企画課	(072) 228-7493	(072) 228-7342
兵庫県	650-8567	神戸市中央区下山手通 5-10-1 　　　　　　　　　　　　　　観光振興課	(078) 362-3616	(078) 362-4275
	102-0093	千代田区平河町 2-6-3　都道府県会館 13 階	(03) 5212-9040	(03) 5212-9042
⊕神戸市	651-0087	神戸市中央区御幸通 6 丁目 1 番 12 号 三宮ビル東館 9 階　　　　　　観光企画課	(078) 984-0361	(078) 984-0360
奈良県	630-8501	奈良市登大路町 30 　　　　　　　　　　ならの観光力向上課	(0742) 27-8051	(0742) 27-1065
	102-0093	千代田区平河町 2-6-3　都道府県会館 9 階	(03) 5212-9096	(03) 5212-9097
	105-0004	港区新橋 1-8-4　SMBC 新橋ビル 1 階・2 階 奈良まほろば館	(03) 5568-7081	(03) 5568-7082
和歌山県	640-8585	和歌山市小松原通 1-1 　　　　　　　　　　　　　　観光振興課	(073) 441-2777	(073) 432-8313
	102-0093	千代田区平河町 2-6-3　都道府県会館 12 階	(03) 5212-9057	(03) 5212-9059
	100-0006	千代田区有楽町 2-10-1　東京交通会館地下 1 階　わかやま紀州館	(03) 3216-8000	(03) 3216-8002
鳥取県	680-8570	鳥取市東町 1-220 　　　　　　　　　　　　　　観光戦略課	(0857) 26-7421	(0857) 26-8308
	102-0093	千代田区平河町 2-6-3　都道府県会館 10 階 鳥取県東京本部	(03) 5212-9077	(03) 5212-9079
	105-0004	港区新橋 1-11-7　新橋センタープレイス 1・2 階　とっとり・おかやま新橋館	(03) 3571-0092	(03) 6274-6135

都道府県	〒	第一段　都道府県観光主管課 第二段　東京事務所／東京本部 第三段　東京(観光)案内所／情報発信拠点	TEL	FAX
島根県	690-8501	松江市殿町1 　　　　　　　　　　　観光振興課	(0852) 22-5292	(0852) 22-5580
	102-0093	千代田区平河町 2-6-3　都道府県会館 11 階	(03) 5212-9070	(03) 5212-9069
	100-0006	千代田区有楽町 1-2-2　日比谷シャンテ地下 1 階　日比谷しまね館	(03) 5860-9845	(03) 5860-9846
岡山県	703-8278	岡山市中区古京町 1-7-36 　　　　　　　　　　　観光課	(086) 226-7382	(086) 224-2130
	102-0093	千代田区平河町 2-6-3　都道府県会館 10 階	(03) 5212-9080	(03) 5212-9083
	105-0004	港区新橋 1-11-7　新橋センタープレイス 1・2 階　とっとり・おかやま新橋館	(03) 3571-0092	(03) 6274-6135
*岡山市	700-8544	岡山市北区大供 1-1-1 　　　　　　　　　　　観光振興課	(086) 803-1332	(086) 803-1871
広島県	730-0011	広島市中区基町 5-44　広島商工会議所ビル 8 階　　　　　　　観光課	(082) 555-2010	(082) 555-1223
	105-0001	港区虎ノ門 1-2-8　虎ノ門琴平タワー 22 階	(03) 3580-0851	(03) 5511-8803
	104-0061	中央区銀座 1-6-10　ひろしまブランドショップ TAU	(03) 5579-9952	(03) 5579-9953
*広島市	730-8586	広島市中区国泰寺町 1-6-34 経済観光局観光政策部観光企画担当	(082) 504-2243	(082) 504-2253
山口県	753-8501	山口市滝町 1-1 　　　　　　　　　　　観光政策課	(083) 933-3175	(083) 933-3179
	100-0013	千代田区霞が関 3-3-1　尚友会館 4 階 山口県東京事務所	(03) 3502-3355	(03) 3502-5470
	103-0027	中央区日本橋 2-3-4　日本橋プラザビル 1 階 おいでませ山口館	(03) 3231-1863	(03) 5205-3387
徳島県	770-8570	徳島市万代町 1-1 　　　　　　　　　　　観光政策課	(088) 621-2339	(088) 621-2851
	102-0093	千代田区平河町 2-6-3　都道府県会館 14 階 徳島県東京本部	(03) 5212-9022	(03) 5212-9023
	102-0093	千代田区平河町 2-6-3　徳島県東京本部内	(03) 5212-9024	(03) 5212-9023
香川県	760-8570	高松市番町 4-1-10 　　　　　　　　　　　観光振興課	(087) 832-3361	(087) 835-5210
	102-0093	千代田区平河町 2-6-3　都道府県会館 9 階	(03) 5212-9100	(03) 5212-9101
	105-0004	港区新橋 2-19-10　新橋マリンビル 1・2 階 香川・愛媛せとうち旬彩館	(03) 3574-2028	–
愛媛県	790-8570	松山市一番町 4-4-2 　　　　　　　　　　　観光国際課	(089) 912-2491	(089) 912-2489
	102-0093	千代田区平河町 2-6-3　都道府県会館 11 階	(03) 5212-9071	(03) 5212-9072
	105-0004	港区新橋 2-19-10　新橋マリンビル 2 階 香川・愛媛せとうち旬彩館	(03) 5537-1986	(03) 3574-2029
高知県	780-8570	高知市丸ノ内 1-2-20 　　　　　　　　　　　観光政策課	(088) 823-9606	(088) 823-9256
	100-0011	千代田区内幸町 1-3-3　内幸町ダイビル 7 階	(03) 3501-5541	(03) 3501-5545
	104-0061	中央区銀座 1-3-13　オーブプレミア地下 1 階 「まるごと高知」観光・移住・ふるさと情報コーナー	(03) 3561-4351	(03) 3538-4368

9

都道府県	〒	第一段 都道府県観光主管課 第二段 東京事務所／東京本部 第三段 東京(観光)案内所／情報発信拠点	TEL	FAX
福 岡 県	812-8577	福岡市博多区東公園 7-7　　観光政策課	(092) 643-3419	(092) 643-3431
	102-0083	千代田区麹町 1-12-1　住友不動産ふくおか半蔵門ビル 2 階　福岡県東京事務所	(03) 3261-9861	(03) 3263-7474
＊福岡市	810-8620	福岡市中央区天神 1-8-1　　観光産業課	(092) 711-4353	(092) 733-5901
＊北九州市	802-0001	北九州市小倉北区浅野 3-8-1　AIM ビル 4 階　　観光課	(093) 551-8150	(093) 551-8151
佐 賀 県	840-8570	佐賀市城内 1-1-59　　観光課	(0952) 25-7386	(0952) 25-7304
	102-0093	千代田区平河町 2-6-3　都道府県会館 11 階　佐賀県首都圏事務所	(03) 5212-9073	(03) 5215-5231
	102-0093	千代田区平河町 2-6-3　都道府県会館 11 階	(03) 5212-9099	(03) 5215-5231
長 崎 県	850-8570	長崎市尾上町 3-1　　観光振興課	(095) 895-2647	(095) 826-5767
	102-0093	千代田区平河町 2-6-3　都道府県会館 14 階	(03) 5212-9025	(03) 5215-5131
	103-0027	中央区日本橋 2-1-3　アーバンネット日本橋二丁目ビル 1 階　日本橋長崎館（長崎県アンテナショップ）	(03) 3241-1777	(03) 3241-1775
熊 本 県	862-8570	熊本市中央区水前寺 6-18-1　　観光振興課	(096) 333-2335	(096) 385-7077
	102-0093	千代田区平河町 2-6-3　都道府県会館 10 階	(03) 5212-9084	(03) 5212-9085
	104-0061	中央区銀座 5-3-16　銀座熊本館 2 階	(03) 3572-5021	(03) 3574-6714
＊熊本市	860-8601	熊本市中央区手取本町 1-1　　観光政策課	(096) 328-2393	(096) 353-2731
大 分 県	870-8501	大分市大手町 3-1-1　　観光政策課	(097) 506-2112	(097) 506-1729
	102-0093	千代田区平河町 2-6-3　都道府県会館 4 階	(03) 6771-7011	(03) 6771-7012
	102-0093	千代田区平河町 2-6-3　都道府県会館 4 階	(03) 6771-7016	(03) 6771-7012
宮 崎 県	880-8501	宮崎市橘通東 2-10-1　　観光推進課	(0985) 26-7104	(0985) 26-7327
	102-0093	千代田区平河町 2-6-3　都道府県会館 15 階	(03) 5212-9007	(03) 5215-5180
	151-0053	渋谷区代々木 2-2-1　新宿サザンテラス　新宿みやざき館 KONNE	(03) 5333-7764	(03) 5333-7765
鹿児島県	890-8577	鹿児島市鴨池新町 10-1　　PR 観光課	(099) 286-2994	(099) 286-5580
	102-0093	千代田区平河町 2-6-3　都道府県会館 12 階	(03) 5212-9060	(03) 5212-9061
	100-0006	千代田区有楽町 1-6-4　千代田ビル 1 階　かごしま遊楽館　観光案内コーナー	(03) 3506-9174	(03) 3506-9559
沖 縄 県	900-8570	那覇市泉崎 1-2-2　　観光振興課	(098) 866-2764	(098) 866-2765
	102-0093	千代田区平河町 2-6-3　都道府県会館 10 階	(03) 5212-9087	(03) 5212-9086
	100-0006	千代田区有楽町 2-10-1　東京交通会館 3 階	(03) 5220-5311	(03) 5220-9720

注：※は政令指定都市観光主管課

都道府県・政令指定都市（※）観光協会（連盟）一覧

名　称	〒	所　在　地	TEL	FAX
(公社)北海道観光振興機構	060-0003	札幌市中央区北3条西7-1-1 緑苑ビル1階	(011) 231-0941	(011) 232-5064
※(一社)札幌観光協会	060-0001	札幌市中央区北1条西2 北海道経済センター4階	(011) 211-3341	(011) 231-1970
(公社)青森県観光国際交流機構	030-0803	青森市安方1-1-40 青森県観光物産館アスパム8階	(017) 722-5080	(017) 735-2067
(公財)岩手県観光協会	020-0045	盛岡市盛岡駅西通2-9-1 マリオス3階	(019) 651-0626	(019) 651-0637
(公社)宮城県観光連盟	980-8570	仙台市青葉区本町3-8-1 宮城県観光プロモーション推進室内	(022) 221-1864	(022) 211-2829
※(公財)仙台観光国際協会	980-0811	仙台市青葉区一番町3-3-20 東日本不動産仙台一番町ビル6階	(022) 268-6251	(022) 268-6252
(一社)秋田県観光連盟	010-8572	秋田市山王3-1-1 秋田県庁第二庁舎1階	(018) 860-2267	(018) 860-3916
(公社)山形県観光物産協会	990-8580	山形市城南町1-1-1 霞城セントラル1階	(023) 647-2333	(023) 646-6333
(公財)福島県観光物産交流協会	960-8053	福島市三河南町1-20 コラッセふくしま7階	(024) 525-4024	(024) 525-4087
(一社)茨城県観光物産協会	310-0011	水戸市三の丸1-5-38 茨城県三の丸庁舎3階	(029) 226-3800	(029) 221-9791
(公社)栃木県観光物産協会	320-0033	宇都宮市本町3-9 本町合同ビル1階	(028) 623-3213	(028) 623-3942
(公社)群馬県観光物産国際協会	371-0026	前橋市大手町2-1-1 群馬会館3階	(027) 243-7271	(027) 243-7275
(一社)埼玉県物産観光協会	330-8669	さいたま市大宮区桜木町1-7-5 ソニックシティビル5階	(048) 647-0500	(048) 647-7745
※(公社)さいたま観光国際協会	330-0803	さいたま市大宮区高鼻町2-1-1 Bibli 2階	(048) 647-8338	(048) 647-0116
(公社)千葉県観光物産協会	260-0015	千葉市中央区富士見2-3-1 塚本大千葉ビル9階	(043) 225-9170	(043) 225-9198
※(公社)千葉市観光協会	260-0026	千葉市中央区千葉港2-1 千葉中央コミュニティセンター10階	(043) 242-0007	(043) 301-0280
(公財)東京観光財団	162-0801	新宿区山吹町346-6 日新ビル6階	(03) 5579-2680	(03) 5579-2685
(公社)神奈川県観光協会	231-8521	横浜市中区山下町1 シルクセンター内	(045) 681-0007	(045) 681-0009
※(公財)横浜観光コンベンション・ビューロー	231-0023	横浜市中区山下町2 産業貿易センター1階	(045) 221-2111	(045) 221-2100
※(一社)川崎市観光協会	212-0013	川崎市幸区堀川町66-20 川崎市産業振興会館8階	(044) 544-8229	(044) 543-5769
※(公社)相模原市観光協会	252-0143	相模原市緑区橋本6-4-15 Flos 橋本3階	(042) 771-3767	(042) 771-3792
(公社)新潟県観光協会	950-8570	新潟市中央区新光町4-1	(025) 283-1188	(025) 283-4345
※(公財)新潟観光コンベンション協会	951-8062	新潟市中央区西堀前通6-894-1 西堀6番館ビル4階	(025) 223-8181	(025) 223-9100
(一社)長野県観光機構	380-0936	長野市中御所岡田町131-4 ホテル信濃路3階	(026) 219-5271	(026) 219-5277
(公社)やまなし観光推進機構	400-0031	甲府市丸の内1-6-1 山梨県庁別館2階	(055) 231-2722	(055) 221-3040

9

名　称	〒	所　在　地	TEL	FAX
(公社)静岡県観光協会	422-8067	静岡市駿河区南町 14-1 　　水の森ビル 2 階	(054) 202-5595	(054) 202-5597
※(公財)するが企画観光局	420-0837	静岡市葵区日出町 1-2 　　TOKAI 日出町ビル 9 階	(054) 251-5880	(054) 205-3639
※(公財)浜松・浜名湖ツーリズムビューロー	430-0933	浜松市中区鍛冶町 100-1 　　ザザシティ浜松中央館 5 階	(053) 458-0011	(053) 458-0013
(公社)とやま観光推進機構	930-8501	富山市新総曲輪 1-7 　　県庁南別館 2 階	(076) 441-7722	(076) 431-4193
(公社)石川県観光連盟	920-8580	金沢市鞍月 1-1 　　石川県庁舎内	(076) 201-8110	(076) 201-8280
(公社)福井県観光連盟	910-0004	福井市宝永 2-4-10 　　福井県宝永分庁舎 2 階	(0776) 23-3677	(0776) 23-3715
(一社)岐阜県観光連盟	500-8384	岐阜市薮田南 5-14-12 　　岐阜県シンクタンク庁舎 4 階	(058) 275-1480	(058) 275-1483
(一社)愛知県観光協会	450-0002	名古屋市中村区名駅 4-4-38 　　愛知県産業労働センター 1 階	(052) 581-5788	(052) 485-4919
※(公財)名古屋観光コンベンションビューロー	460-0008	名古屋市中区栄 2-10-19 　　名古屋商工会議所ビル 11 階	(052) 202-1143	(052) 201-5785
(公社)三重県観光連盟	514-0009	津市羽所町 700 　　アスト津 2 階	(059) 224-5904	(059) 224-5905
(公社)びわこビジターズビューロー	520-0806	大津市打出浜 2-1 　　「コラボしが21」6 階	(077) 511-1530	(077) 526-4393
(公社)京都府観光連盟	602-8570	京都市上京区下立売通新町西入藪ノ内町 　　府庁 2 号館 3 階	(075) 411-9990	(075) 411-9993
※(公社)京都市観光協会	604-0924	京都市中京区河原町通二条下ル一之船入町 384 ヤサカ河原町ビル 8 階	(075) 213-1717	(075) 213-1011
(公財)大阪観光局	542-0081	大阪市中央区南船場 4-4-21 　　TODA BUILDING 心斎橋 5 階	(06) 6282-5900	(06) 6282-5915
※(公社)堺観光コンベンション協会	590-0950	堺市堺区甲斐町西 1-1-35	(072) 233-5258	(072) 233-8448
(公社)ひょうご観光本部	650-8567	神戸市中央区下山手通 5-10-1 　　兵庫県庁 1 号館 7 階	(078) 361-7661	(078) 361-7662
※(一財)神戸観光局	651-0087	神戸市中央区御幸通 6-1-12 　　三宮ビル東館 9 階	(078) 230-0800	(078) 230-0808
(一財)奈良県ビジターズビューロー	630-8361	奈良市池之町 3 　　奈良県猿沢イン 3 階	(0742) 23-8288	(0742) 23-8289
(公社)和歌山県観光連盟	640-8585	和歌山市小松原通 1-1 　　県庁観光振興課内	(073) 422-4631	(073) 432-8313
(公社)鳥取県観光連盟	680-0034	鳥取市元魚町 2-201 　　エステートビル V 5 階	(0857) 39-2111	(0857) 39-2100
(公社)島根県観光連盟	690-8501	松江市殿町 1 　　県商工労働部観光振興課内	(0852) 21-3969	(0852) 22-5580
(公社)岡山県観光連盟	700-0822	岡山市北区表町 1-5-1 　　岡山シンフォニービル 2 階	(086) 233-1802	(086) 231-5393
※(公社)おかやま観光コンベンション協会	700-0985	岡山市北区厚生町 3-1-15 　　岡山商工会議所 6 階	(086) 227-0015	(086) 227-0014
(一社)広島県観光連盟	730-0011	広島市中区基町 5-44 　　広島商工会議所ビル 8 階	(082) 221-6516	(082) 222-6768
※(公財)広島観光コンベンションビューロー	730-0011	広島市中区基町 5-44 　　広島商工会議所ビル 6 階	(082) 554-1861	(082) 554-1815
(一社)山口県観光連盟	753-8501	山口市滝町 1-1 　　山口県庁内	(083) 924-0462	(083) 928-5577

名　称	〒	所　在　地	TEL	FAX
(一財)徳島県観光協会	770-8055	徳島市山城町東浜傍示 1-1	(088)652-8777	(088)625-8469
(公社)香川県観光協会	760-8570	高松市番町 4-1-10	(087)832-3377	(087)861-4151
(一社)愛媛県観光物産協会	790-0004	松山市大街道 3-6-1 岡崎産業ビル 4 階	(089)961-4500	(089)961-4222
(公財)高知県観光コンベンション協会	780-8570	高知市丸ノ内 1-2-20 高知県庁本庁舎 5 階	(088)823-1434	(088)873-6181
(公社)福岡県観光連盟	812-8577	福岡市博多区東公園 7-7 福岡県庁 7 階	(092)645-0019	(092)645-0020
※(公財)福岡観光コンベンションビューロー	810-0041	福岡市中央区大名 2-5-31 福岡市交通局 4 階	(092)733-5050	(092)733-5055
※(公財)北九州観光コンベンション協会	802-0001	北九州市小倉北区浅野 3-8-1 AIM ビル 4 階	(093)541-4151	(093)541-4139
(一社)佐賀県観光連盟	840-0041	佐賀市城内 1-1-59	(0952)26-6754	(0952)26-7528
(一社)長崎県観光連盟	850-8570	長崎市尾上町 3-1 長崎県庁 5 階	(095)826-9407	(095)824-3087
(公社)熊本県観光連盟	862-0950	熊本市中央区水前寺 6-5-19 熊本県庁会議棟 1 号館 3 階	(096)382-2660	(096)382-2663
※(一財)熊本国際観光コンベンション協会	860-0041	熊本市中央区細工町 4-30-1 扇寿ビル 5 階	(096)359-1788	(096)359-8520
(公社)ツーリズムおおいた	870-0029	大分市高砂町 2-50 OASIS ひろば 21　3 階	(097)536-6250	(097)536-6251
(公財)宮崎県観光協会	880-0811	宮崎市錦町 1-10 宮崎グリーンスフィア壱番館 3 階	(0985)26-6100	(0985)26-6123
(公社)鹿児島県観光連盟	892-0821	鹿児島市名山町 9-1 鹿児島県産業会館内	(099)223-5771	(099)225-7484
(一財)沖縄観光コンベンションビューロー	901-0152	那覇市字小禄 1831-1 沖縄産業支援センター 2 階	(098)859-6123	(098)859-6221

注：※政令指定都市観光協会・連盟

9

観光関係主要団体

団　体　名	代表者名	〒	所　在　地	TEL	FAX
(公社)日本観光振興協会	山西健一郎	105-0001	港区虎ノ門3-1-1 虎の門3丁目ビルディング6階	(03) 6435-8331	(03) 6435-6921
企画政策部門			〃	(03) 6435-8332	〃
総務・渉外部門			〃	(03) 6435-8331	〃
交流促進部門			〃	(03) 6435-8334	〃
調査研究部門			〃	(03) 6435-8333	〃
総合調査研究所／国際業務			〃	(03) 6435-8333	〃
観光情報			〃	(03) 6435-8335	〃
観光地域づくり・人材育成部門			〃	(03) 6435-8336	〃
観光地域マネジメント			〃	(03) 6435-8336〜7	〃
地域ブランド創造			〃	(03) 6435-8550	〃
(独)国際観光振興機構	清野　智	160-0004	新宿区四谷 1-6-4 四谷クルーセ3・4階 新宿区四谷 1-6-1 YOTSUYA TOWER10階	(03) 5369-3342	(03) 3350-5200
(公財)日本交通公社	光山　清秀	107-0062	港区南青山 2-7-29 日本交通公社ビル	(03) 5770-8350	(03) 5770-8358
(一社)日本旅行業協会	髙橋　広行	100-0013	千代田区霞が関 3-3-3 全日通霞が関ビル	(03) 3592-1271	(03) 3592-1268
(一社)全国旅行業協会	二階　俊博	107-0052	港区赤坂 4-2-19 赤坂シャスタイーストビル3階	(03) 6277-8310	(03) 6277-8331
(一社)国際観光日本レストラン協会	安田　眞一	103-0026	中央区日本橋兜町 11-7 ビーエム兜町ビル	(03) 5651-5601	(03) 5651-5602
(一社)全国農協観光協会	櫻井　宏	101-0021	千代田区外神田 1-16-8 Nツアービル4階	(03) 5297-0321	(03) 5297-0260
(公財)日本ナショナルトラスト	梅﨑　壽	102-0083	千代田区麹町 4-5 海事センタービル4階	(03) 6380-8511	(03) 3237-1190
(公財)日本修学旅行協会	竹内　秀一	103-0002	中央区日本橋馬喰町 1-1-2 にほんばしゼニットビル2階	(03) 5640-8061	(03) 5640-8062
(一社)日本ホテル協会	森　浩生	100-0004	千代田区大手町 2-2-1 新大手町ビル3階	(03) 3279-2706	(03) 3274-5375
(一社)全日本ホテル連盟	清水　嗣能	101-0044	千代田区鍛冶町 2-4-8 エルヘンビル3階	(03) 3527-1539	(03) 3527-1549
(一社)日本旅館協会	大西　雅之	102-0093	千代田区平河町 2-5-5 全国旅館会館ビル2階	(03) 5215-7337	(03) 5215-7338

団 体 名	代表者名	〒	所 在 地	TEL	FAX
ジャパニーズ・イン・グループ	福田 金也	321-1433	栃木県日光市匠町 2-16 タートル・イン・日光内	(0288) 53-3168	(0288) 53-3883
(公社)国際観光施設協会	鈴木 裕	102-0072	千代田区飯田橋 2-8-5 多幸ビル九段 2 階	(03) 3263-4844	(03) 3263-4845
(一社)日本オートキャンプ協会	明瀬 一裕	160-0008	新宿区四谷三栄町 13-2 清重ビル 2 階	(03) 3357-2851	(03) 3357-2850
(一社)日本温泉協会	笹本 森雄	102-0093	千代田区平河町 2-5-5 全国旅館会館 3 階	(03) 6261-2180	(03) 6261-2179
(一財)日本ホテル教育センター	石塚 勉	164-0003	中野区東中野 3-15-14	(03) 3367-5663	(03) 3362-5940
(一社)日本添乗サービス協会	三橋 滋子	143-0013	品川区南大井 6-12-13 宇佐美大森ビル 9 階	(03) 6435-1508	(03) 6435-1509
(一社)日本ホテルバーメンズ協会	野田 浩史	102-0076	千代田区五番町 5-6 ビラカーサ五番町 902 号室	(03) 3237-0263	(03) 3237-1169
(一社)国際観光サービスセンター	中村 徹	103-0004	中央区東日本橋 2-24-12 東日本橋横町ビル 5 階	(03) 5829-9252	(03) 5821-3540
(一社)日本海外ツアーオペレーター協会	大畑 貴彦	105-0004	港区新橋 6-9-2 新橋第一ビル新館 6 階 B 号室	(03) 5470-9501	(03) 5470-9503
(一財)地域伝統芸能活用センター	中村 徹	103-0004	中央区東日本橋 2-24-12 東日本橋横町ビル 5 階	(03) 5809-3782	(03) 5809-1430
(一財)アジア太平洋観光交流センター	鳥井 信吾	630-8122	奈良市三条本町 8-1 シルキア奈良 2 階	(0742) 30-3880	(0742) 30-3883
(公社)日本バス協会	清水 一郎	100-0005	千代田区丸の内 3-4-1 新国際ビル 9 階	(03) 3216-4011	(03) 3216-4016
(一社)日本自動車連盟	坂口 正芳	105-0012	港区芝大門 1-1-30 日本自動車会館 14 階	(03) 3438-0041	(03) 3436-3008
(一社)日本民営鉄道協会	野本 弘文	102-0094	千代田区紀尾井町 3-6 紀尾井町パークビル 6 階	(03) 6371-1401	(03) 6371-1409
(公財)交通道徳協会	荻野 洋	100-0005	千代田区丸の内 3-4-1 新国際ビル 9 階	(03) 3216-6050	(03) 3213-6896
(公財)鉄道弘済会	森本 雄司	112-0002	文京区小石川 1-1-1 文京ガーデンゲートタワー 19 階	(03) 6261-3298	
(一社)全日本航空事業連合会	赤坂 祐二	105-0014	港区芝 3-1-15 芝ポートビル 8 階	(03) 5445-1353	(03) 5445-9527
(一社)日本旅客船協会	山﨑 潤一	102-0093	千代田区平河町 2-6-4 海運ビル 9 階	(03) 3265-9681	(03) 3265-9684
(公財)日本財団	笹川 陽平	107-8404	港区赤坂 1-2-2 日本財団ビル	(03) 6229-5111	(03) 6229-5110
(一財)運輸総合研究所	宿利 正史	105-0001	港区虎ノ門 3-18-19 UD 神谷町ビル 3 階	(03) 5470-8400	(03) 5470-8401
(一社)日本外航客船協会	遠藤 弘之	102-0093	千代田区平河町 2-6-4 海運ビル 6 階	(03) 5275-3710	(03) 5275-3317
日本商工会議所	三村 明夫	100-0005	千代田区丸の内 3-2-2 丸の内二重橋ビル 6 階	(03) 3283-7823	(03) 3211-4859
全国旅館ホテル生活衛生同業組合連合会	多田 計介	102-0093	千代田区平河町 2-5-5 全国旅館会館	(03) 3263-4428	(03) 3263-9789

9

団 体 名	代表者名	〒	所 在 地	TEL	FAX
(一財)休暇村協会	小野寺 聡	110-8601	台東区東上野 5-1-5 日新上野ビル 5 階	(03) 3845-8651	(03) 3845-8658
(一社)国民宿舎協会	清水 一郎	182-0025	調布市多摩川 5-29-2 パレス 527 503 号室	(050) 5491-0664	(050) 3450-8062
(公財)日本自然保護協会	亀山 章	104-0033	中央区新川 1-16-10 ミトヨビル 2 階	(03) 3553-4101	(03) 3553-0139
(一財)自然公園財団	熊谷 洋一	101-0051	千代田区神田神保町 2-2-31 ヒューリック神保町ビル 2 階	(03) 3556-0818	(03) 3556-0817
(一財)日本ユースホステル協会	山谷えり子	151-0052	渋谷区代々木神園町 3-1 国立オリンピック記念 青少年総合センター内	(03) 5738-0546	
全国観光土産品連盟	細田 眞	101-0047	千代田区内神田 1-17-9 TCU ビル 6 階	(03) 3518-0193~4	(03) 3518-0195
(公財)日本レクリエーション協会	樋口 修資	110-0016	台東区台東 1-1-14 ANTEX24 ビル 7 階	(03) 3834-1091	(03) 3834-1095
(公財)日本サイクリング協会	西澤 仁史	160-0022	新宿区新宿 1-35-3 AXIA 新宿御苑 6 階	(03) 6273-2147	(03) 6273-2578
(一財)日本地域開発センター	伊藤 滋	105-0001	港区虎ノ門 1-11-7 第二文成ビル	(03) 3501-6856	(03) 3501-6855
(一財)地域活性化センター	椎川 忍	103-0027	中央区日本橋 2-3-4 日本橋プラザビル 13 階	(03) 5202-6131	(03) 5202-0755
(公財)日本博物館協会	銭谷 眞美	110-0007	台東区上野公園 12-52 黒田記念館別館 3 階	(03) 5832-9108	(03) 5832-9109
(一社)日本アミューズメント産業協会	山下 滋	102-0074	千代田区九段南 3-8-11 飛栄九段ビル 8 階	(03) 6272-9030	
(公財)交通協力会	上野 文雄	100-0005	千代田区丸の内 3-4-1 新国際ビル 903	(03) 6269-9808	(03) 6269-9809
(公財)日本交通文化協会	滝 久雄	100-0006	千代田区有楽町 1-1-3 東京宝塚ビル 8 階	(03) 3504-2221	(03) 3504-2224
(一社)日本観光通訳協会	伊藤 淳子	101-0024	千代田区神田和泉町 1-6-1 インターナショナルビ ル 603 号室	(03) 3863-2895	(03) 3863-2896
東京商工会議所	三村 明夫	100-0005	千代田区丸の内 3-2-2 丸の内二重橋ビル	(03) 3283-7500	(03) 3284-1208
全国語学ビジネス観光教育協会	石塚 勉	101-0061	千代田区神田三崎町 2-8-10 ケーブルビル 2 階	(03) 5275-7741	(03) 5275-7744
(公財)日本海事広報協会	武藤 光一	104-0043	中央区湊 2-12-6 湊 SY ビル 3 階	(03) 3552-5031	(03) 3553-6580
(一社)ウォーターフロント協会	須野原 豊	108-0023	港区芝浦 3-11-9 武藤ビル 3 階	(03) 3453-4191	(03) 3453-0252
(一社)全国レンタカー協会	岩崎 貞二	105-0012	港区芝大門 1-1-30 日本自動車会館 15 階	(03) 5472-7328	(03) 5472-5530
(公社)国土緑化推進機構	濱田 純一	102-0093	千代田区平河町 2-7-4 砂防会館別館 5 階	(03) 3262-8451	(03) 3264-3974
(一財)公園財団	黃茂壽太郎	112-0014	文京区関口 1-47-12 江戸川橋ビル 2 階	(03) 6674-1188	(03) 6674-1190

団 体 名	代表者名	〒	所 在 地	TEL	FAX
定期航空協会	井上 慎一	105-0014	港区芝 3-1-15 芝ボートビル 8 階	(03) 5445-7136	(03) 5445-9527
(一財) 運輸振興協会	岩村 敬	102-0083	千代田区麹町 4-5 海事センタービル 7 階	(03) 3221-8431	(03) 3221-8433
(一財) 日本気象協会	春田 謙	170-6055	豊島区東池袋 3-1-1 サンシャイン 60　55 階	(03) 5958-8111	(03) 5958-8113
(公財) 都市緑化機構	矢野 龍	101-0051	千代田区神田神保町 3-2-4 田村ビル 2 階	(03) 5216-7191	(03) 5216-7195
(一財) 日本花普及センター	小栗 邦夫	103-0004	中央区東日本橋 3-6-17 山一ビル 4 階	(03) 3664-8739	(03) 3664-8743
全国知事会	平井 伸治	102-0093	千代田区平河町 2-6-3 都道府県会館 6 階	(03) 5212-9127	(03) 5212-9129
全国市長会	立谷 秀清	102-8635	千代田区平河町 2-4-2 全国都市会館 4 階	(03) 3262-2313	(03) 3263-5483
全国町村会	荒木 泰臣	100-0014	千代田区永田町 1-11-35 全国町村会館内	(03) 3581-0482	
(一社) 日本造園建設業協会	和田 新也	113-0033	文京区本郷 3-15-2 本郷二村ビル 4 階	(03) 5684-0011	(03) 5684-0012
(公財) 日本生産性本部	茂木友三郎	102-8643	千代田区平河町 2-13-12 生産性本部ビル	(03) 3511-4003	(03) 3511-4018

'22（令和 4）年 10 月確認時点

我が国の主要観光機関の変遷

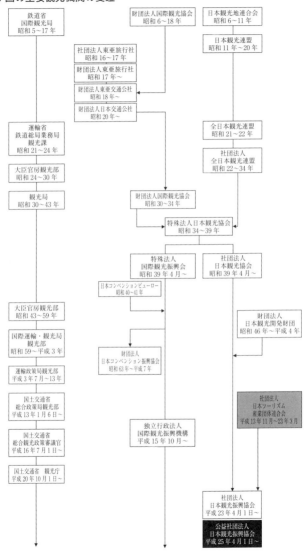

鉄道省
国際観光局
昭和5～17年

財団法人国際観光協会
昭和6～18年

日本観光地連合会
昭和6～11年

社団法人東亜旅行社
昭和16～17年

財団法人東亜旅行社
昭和17年～

財団法人東亜交通公社
昭和18年～

財団法人日本交通公社
昭和20年～

運輸省
鉄道総局業務局
観光課
昭和21～24年

大臣官房観光部
昭和24～30年

観光局
昭和30～43年

日本観光連盟
昭和11年～20年

全日本観光連盟
昭和21～22年

社団法人
全日本観光連盟
昭和22～34年

財団法人国際観光協会
昭和30～34年

特殊法人日本観光協会
昭和34～39年

特殊法人
国際観光振興会
昭和39年4月～

日本コンベンションビューロー
昭和40～41年

社団法人
日本観光協会
昭和39年4月～

大臣官房観光部
昭和43～59年

国際運輸・観光局
観光部
昭和59～平成3年

財団法人
日本観光開発財団
昭和46年～平成4年

運輸政策局観光部
平成3年7月～13年

財団法人
日本コンベンション振興会
昭和63年～平成7年

国土交通省
総合政策局観光部
平成13年1月6日～

国土交通省
総合観光政策審議官
平成16年7月1日～

社団法人
日本ツーリズム
産業団体連合会
平成13年11月～23年3月

独立行政法人
国際観光振興機構
平成15年10月～

国土交通省 観光庁
平成20年10月1日～

社団法人
日本観光振興協会
平成23年4月1日～

公益社団法人
日本観光振興協会
平成25年4月1日～

観光関係国際機関

UNWTO （World Tourism Organization)
- ① 国連世界観光機関
- ② 加盟 160 か国
- ④ 日本政府観光局（JNTO)、（一社）日本旅行業協会（JATA)、（公社）日本観光振興協会等 21 団体・企業・大学
- ⑤ 誰もが参加できる持続可能な責任ある観光の促進
- ⑥ マドリッド（スペイン)
- ⑦ 〒 630-8122　奈良県奈良市三条本町 8 番 1 号　シルキア奈良 2 階
- ⑧ (0742) 30-3881
- ⑩ https://www.unwto.org

OECD (Organisation for Economic Co-operation and Development)
- ① 経済協力開発機構
- ② 加盟 38 か国
- ③ 日本国政府
- ⑤ 観光委員会－先進国間の観光経済の発展と国際観光往来の促進
- ⑥ パリ（フランス)
- ⑦ 〒 100-0011　東京都千代田区内幸町 2-2-1　日本プレスセンタービル 3 階
- ⑧ (03) 5532-0021
- ⑨ tokyo.contact@oecd.org
- ⑩ http://www.oecd.org/tokyo/

ASEAN - JAPAN CENTRE (ASEAN Promotion Centre on Trade, Investment and Tourism)
- ① 国際機関日本アセアンセンター（東南アジア諸国連合貿易投資観光促進センター)
- ② 加盟 11 か国
- ③ 日本国政府
- ⑤ 日本と ASEAN 諸国間の「貿易」「投資」「観光」「人物交流」の促進を目的に活動
- ⑥ 東京（日本)
- ⑦ 〒 105-0004　東京都港区新橋 6-17-19 新御成門ビル 1 階
- ⑧ (03) 5402-8008 （観光交流クラスター)
- ⑩ www.asean.or.jp

PATA　Pacific Asia Travel Association　(1951 年設立)
- ① 太平洋アジア観光協会
- ② 政府会員、航空・船舶会社、数百の旅行業会員・ホテル会員他（800 社／機関（95 か国／地域))
- ⑤ アジア太平洋域内の観光促進と交流
- ⑥ バンコク（タイ)
- ⑦ 〒 107-0062　東京都港区南青山 2-2-15-942　（株）インクルード内
- ⑧ (03) 6869-9852
- ⑨ koseki@patajapan.com
- ⑩ http://www.patajapan.com

9

注：①日本名　②加盟国・正会員数　③我が国加盟機関　④我が国賛助加盟員　⑤主要目的　⑥本部所在地　⑦在日（日本支部）事務所　⑧ TEL　⑨ E-MAIL　⑩ URL

外国政府等観光宣伝機関

団体名	〒	住所	TEL	FAX
【アジア】				
国際機関日本アセアンセンター（観光交流クラスター）	105-0004	港区新橋 6-17-19 新御成門ビル 1 階 info_to@asean.or.jp www.asean.or.jp	(03) 5402-8008	(03) 5402-8009
カンボジア王国観光省日本事務所	160-0023	新宿区西新宿 8-14-24 西新宿 KF ビル 5 階 cambodia@worldcompass.co.jp http://www.cambodiatourism.or.jp	－	(03) 6455-0239
中国駐東京観光代表処	105-0001	港区虎ノ門 2-5-2 エアチャイナビル 8 階 cnta.tokyo@gmail.com	(03) 3591-8686	(03) 3591-6886
インドネシア共和国観光クリエイティブエコノミー省ビジットインドネシアツーリズムオフィス日本地区事務所	162-0065	新宿区住吉町 8-23 富井ビル 2 階 info@visitindonesia.jp http://www.visitindonesia.jp	(03) 5363-0158	(03) 3353-8521
韓国観光公社東京支社	160-0004	新宿区四谷 4-4-10 コリアセンター 6 階 tokyo@visitkorea.or.kr http://visitkorea.or.kr	(03) 5369-1755	(03) 5369-1756
韓国観光公社大阪支社	540-6123	大阪市中央区城見 2-1-61 ツイン 21MID タワー 23 階 osaka@visitkorea.or.kr http://japanese.visitkorea.or.kr	(06) 6942-0847	(06) 6942-0803
マレーシア政府観光局東京支局	100-0006	千代田区有楽町 1-6-4 千代田ビル 5 階 https://www.tourismmalaysia.or.jp/	(03) 3501-8691	(03) 3501-8692
マレーシア政府観光局大阪支局	550-0004	大阪市西区靱本町 1-8-2 コットン・ニッセイビル 10 階 http://www.tourismmalaysia.or.jp/	(06) 6444-1220	(06) 6444-1380

団体名	〒	住所	TEL	FAX
フィリピン大使館観光部	106-8537	港区六本木 5-15-5 dotjapan@gol.com http://philippinetravel.jp	(03) 5562-1583	(03) 5562-1593
ツーリズムセクション フィリピン共和国総領事館 大阪	541-0054	大阪市中央区南本町 3-6-14 イトゥビル 6 階 dotosakajapan@lake.ocn.ne.jp http://philippinetravel.jp	(06) 6251-2400	(06) 6251-2401
タイ国政府観光庁東京事務所	100-0006	千代田区有楽町 1-7-1 有楽町電気ビル南館 2 階 259 号室 http://www.thailandtravel.or.jp	(03) 3218-0355	(03) 3218-0655
タイ国政府観光庁大阪事務所	550-0013	大阪市西区新町 1-4-26 四ツ橋グランドビル info@tatosa.com http://www.thailandtravel.or.jp	(06) 6543-6654	(06) 6543-6660
トルコ共和国大使館・文化広報参事官室	150-0001	渋谷区神宮前 2-33-6 tokyo@tourismturkey.jp http://www.tourismturkey.jp	(03) 3470-6380	(03) 3470-6037
台湾観光協会東京事務所	105-0003	港区西新橋 1-5-8 川手ビル 3 階 tyo@go-taiwan.net http://jp.taiwan.net.tw/	(03) 3501-3591	(03) 3501-3586
台湾観光協会大阪事務所	530-0047	大阪市北区西天満 4-14-3 リゾートトラスト御堂筋ビル 6 階 osa@go-taiwan.net https://jp.taiwan.net.tw/ facebook：台湾見っけ！ Instagram：taiwan_mikke	(06) 6316-7491	(06) 6316-7398
香港政府観光局	108-0073	東京都港区三田 1-4-28 三田国際ビル 24 階 http://www.DiscoverHongKong.com/	−	−

団体名	〒	住所	TEL	FAX
【オセアニア州】				
タヒチ観光局	102-0074	千代田区九段南 3-8-11 飛英九段ビル 3 階 japan@tahititourisme.jp http://www.tahititourisme.jp	(03) 6261-5685	(03) 6261-5944
クック諸島観光局	104-0061	中央区銀座 6-14-8 銀座石井ビル 4 階 info@cook-islands.jp https://www.cook-islands.jp	(03) 6869-0282	(03) 6868-4314
グアム政府観光局	103-0023	中央区日本橋本町 2-6-1 日本橋本町プラザビル 2 階 info@gvb.or.jp http://www.visitguam.jp/	−	−
パラオ政府観光局	162-0067	新宿区富久町 1-5 KDA 富久町ビル 10 階 tyopalau@maple.ocn.ne.jp http://www.palau.or.jp	(03) 5544-8083	(03) 5925-8588
【アフリカ州】				
ケニア共和国 大使館	152-0023	目黒区八雲 3-24-3 travel@kenyarep-jp.com/ kenrep@kenyarep-jp.com http://www.kenyarep-jp.com	(03) 3723-4006/7	(03) 3723-4546
南アフリカ観光局	107-0051	港区元赤坂 1-1-2 赤坂ライオンズビル 2 階 http://www.south-africa.jp	(03) 3478-7601	(03) 3478-7605
チュニジア大使館 観光	102-0074	千代田区九段南 3-6-6 mailbox@tunisia.or.jp http://gotunisia.jp/	(03) 3511-6622	(03) 3511-6600
【ヨーロッパ州】				
チェコ政府観光局	150-0012	渋谷区広尾 2-16-14 チェコ共和国大使館内 B 館 2 階 tokyo@czechtourism.com https://www. visitczechrepublic.com/ja-JP/	(03) 6427-3093	−

団体名	〒	住所	TEL	FAX
フィンランド政府観光局/ Visit Finland （Business Finland）	106-8561	港区南麻布 3-5-39 フィンランド大使館商務部 https://www.visitfinland.com/ja/	(03) 6432-5277	–
フランス観光開発機構/アトゥー・フランス	106-8514	港区南麻布 4-11-44 フランス大使館内 info.jp@atout-france.fr www.france.fr	–	(03) 5798-6283
ドイツ観光局	107-0052	港区赤坂 7-5-56 ドイツ文化会館 4 階 office-japan@germany.travel http://www.germany.travel	(03) 3586-0705	(03) 3586-5079
イタリア政府観光局(ENIT)	108-8302	港区三田 2-5-4（在日イタリア大使館内） tokyo@enit.it（一般以外業者専用） www.italia.it/en	(03) 3451-2721	(03) 3451-2724
マルタ観光局	105-0004	港区新橋 2-20-15 新橋駅前ビル 1 号館 816 号（訪問は完全予約制） info@mtajapan.com （旅行業界・メディア関係者限定） www.mtajapan.com	(03) 3569-0727	–
ポーランド政府観光局	160-0023	新宿区西新宿 3-4-4 京王西新宿南ビル 7 階 info.jp@poland.travel http://www.poland.travel	(03) 5908-3808	(03) 5908-3809
スペイン政府観光局	105-0001	港区虎ノ門 3-1-10 第二虎ノ門電気ビル 6 階 info.tokio@tourspain.es http://www.spain.info	(03) 3432-6141 自動音声案内のみ	(03) 3432-6144
【北アメリカ】				
サンフランシスコ観光協会/サンフランシスコ国際空港日本事務所	160-0008	新宿区四谷三栄町 11-16 インターナショナルプレイスアビアレップス株式会社内 sfinfo.jp@aviareps.com http://jp.sftravel.com/	(03) 3225-0008	(03) 5363-1118

9

団体名	〒	住所	TEL	FAX
ハワイ州観光局	102-0082	千代田区一番町 29-2 一番町進興ビル 1 階 aloha@htjapan.jp www.gohawaii.jp www.allhawaii.jp	−	(03) 6261-3419
【南アメリカ】				
コスタリカ共和国 政府観光局	150-0021	渋谷区恵比寿西 1-31-15 マルイチマンション 502 ict@costarica.co.jp http://www.costarica.co.jp/	(03) 3780-5661	−

日本政府観光局 （JNTO） 海外事務所

事務所名	所　　在　　地	電　話
ソ ウ ル	#202, Hotel President 2F Euljiro 16,　Jung-gu, Seoul, Korea	(82) 2-777-8601
北 京	Beijing Fortune Bldg., Suite 410, 5 Dong San Huan Bei Lu Chao Yang District, Beijing 100004, China （中国北京市朝陽区東三環北路5号　北京発展大廈410室）	(86) 10-6590-8568
広 州	Room 1310-1311, Tower B, China Shine Plaza, No.9 Linhe Xi Road, Tianhe District, Guangzhou 510610, China （中国広東省広州市天河区林和西路9号耀中広場B棟 1310-11）	(86) 20-8759-9759
上 海	Room 2111, Shanghai International Trade Centre., 2201, West Yan An Road, Shanghai 200335, China （中国上海市延安西路2201号 上海国際貿易中心 2111室）	(86) 21-5466-2808
香 港	Unit 807-809, 8/F., Prosperity Millennia Plaza, 663 King's Road, North Point, Hong Kong	(852) 2968-5688
デ リ ー	Unit No. 203, 2nd Floor, East Wing, World Mark 1, Asset - 11, Aerocity, New Delhi - 110037, India	(91) 11-4905-7650
バ ン コ ク	10th Floor Unit 1016, Serm-Mit Tower, 159 Sukhumvit 21Rd, Bangkok 10110, Thailand	(66) 2-261-3525
ジャカルタ	Summitmas I, 2F, Jalan Jenderal Sudirman, Kaveling 61-62 Jakarta Selatan 12190, Indonesia	(62) 21-252-0742
シンガポール	16 Raffles Quay, #15-09, Hong Leong Building, Singapore 048581	(65) 6223-8205
マ ニ ラ	9F, Tower One and Exchange Plaza, Ayala Triangle, Ayala Avenue, Makati City, 1226 Philippines	(63) 2-5328-2260
ハ ノ イ	Unit 4.09 on the 4th Floor, CornerStone Building, 16 Phan Chu Trinh Street, Hoan Kiem District, Hanoi, Vietnam	(84) 24-3719-5950
ク ア ラ ル ン プ ー ル	1st Floor, Chulan Tower, 3 Jalan Conlay, 50450 Kuala Lumpur, Malaysia	(60) 3-2712-4770
シ ド ニ ー	Suite 1, Level 4, 56 Clarence Street, Sydney NSW 2000, Australia	(61) 2-9279-3177
ニューヨーク	250 Park Avenue, Suite 1900, New York, NY, 10177, U.S.A.	(1) 212-757-5640
ロサンゼルス	707 Wilshire Boulevard, Suite 4325, Los Angeles, CA 90017 U.S.A.	(1) 213-623-1952
ト ロ ン ト	55 York Street, Suite 202, Toronto ON M5J 1R7, Canada	(1) 416-366-7140
メ キ シ コ	Avenida Ejército Nacional No. 579, Int.7-B, Col.Granada, Alc.Miguel Hidalgo, C.P. 11520, Ciudad de México, México	(52) 55-9013-9740
ロ ー マ	Via Barberini 95, 00187, Rome, Italy	(39) 06-9444-3407
ロ ン ド ン	3rd Floor, 32 Queensway, London, W2 3RX U.K.	(44) 20-7398-5670
マ ド リ ー ド	Carrera de San Jerónimo 15-3, 28014 Madrid Spain	(34) 91-077-0070
フランクフルト	Kaiserstrasse 11, 60311 Frankfurt am Main, Germany	(49) 69-20353
パ リ	4, rue de Ventadour 75001 Paris, France	(33) 1-42-96-20-29
モ ス ク ワ	3rd Floor, 5, Bryanskaya Street, Moscow, Russia 121059	(7) 495-995-0120
ド バ イ	Room No.806, Shangri-la Hotel, Sheikh Zayed Road, Dubai, UAE	(971) 4-226-3050

2022 年 8 月現在

9

公益社団法人日本観光振興協会支部一覧

支 部 名	〒	所　　　在　　　地	TEL	FAX
北海道支部	060-0003	札幌市中央区北3条西7-1-1 緑苑ビル1階 （公社）北海道観光振興機構内 （北海道）	(011) 232-7373	(011) 232-5064
東 北 支 部	980-0811	仙台市青葉区一番町2-2-13 仙建ビル8階 （一社）東北観光推進機構内 （青森・岩手・宮城・秋田・山形・ 福島）	(022) 721-1291	(022) 721-1293
関 東 支 部	105-0001	港区虎ノ門3-1-1 虎の門三丁目ビルディング6階 （茨城・栃木・群馬・埼玉・千葉・ 東京・神奈川・新潟・長野・山梨・ 静岡）	(03) 6435-8339	(03) 6435-6921
中 部 支 部	450-0002	名古屋市中村区名駅4-2-28 名古屋第二埼玉ビル4階 （富山・石川・福井・岐阜・愛知）	(052) 541-1241	(052) 541-1251
関 西 支 部	530-0047	大阪市北区西天満2-10-2 幸田ビル8階 （三重・滋賀・京都・大阪・兵庫・ 奈良・和歌山）	(06) 6311-1220	(06) 6311-1221
中 国 支 部	730-0011	広島市中区基町5-44 広島商工会議所ビル8階 （鳥取・島根・岡山・広島・山口）	(082) 222-6625	(082) 222-6768
四 国 支 部	760-8570	高松市番町4-1-10 香川県庁内 （徳島・香川・愛媛・高知）	(087) 833-0177	(087) 835-5210
九 州 支 部	810-0004	福岡市中央区渡辺通2-1-82 電気ビル共創館7階 （福岡・佐賀・長崎・熊本・大分・ 宮崎・鹿児島）	(092) 726-5001	(092) 726-5002
沖 縄 支 部	901-0152	那覇市小禄1831-1 沖縄産業支援センター2階 （一財）沖縄観光コンベンション ビューロー内 （沖縄）	(098) 859-6124	(098) 859-6221

注：（　）は担当都道府県

令和4年度版 観光の実態と志向 ー第41回国民の観光に関する 動向調査ー A4判　324頁　本体5,800円	本調査は、全国20,000人を対象に、昨年度、国内旅行をどれくらい、どのように行ったかという実態と今後どのような旅行を行いたいかという希望について調査を行ったものです。昭和39年より実施している調査であり、わが国の観光動向を50年以上のロングスパンで把握できる調査です。毎年時宜にふさわしいテーマについて特集を組んでおりますが、今回は「コロナ禍における観光旅行に対する意識・実態」をテーマに過去調査との比較も交えながら分析しております。 （令和4年9月発行）
日本の観光を担う 次世代リーダーへ A5判　304頁　本体2,500円	平成29年に7回目を迎えた首都大学東京・(公社) 日本観光振興協会共催「観光経営トップセミナー」の質の高い講義のエッセンスを1冊に凝縮しました。" 今の観光 " を知り、わかりやすく観光マーケティングや経営理論を学ぶことができる観光ビジネス関係者必読の書です。 （平成30年3月発行）
観光ボランティアガイド 活動ハンドブック A5版　142頁　本体800円	観光ボランティアガイドをどう行うのかについて、特に技術面を中心に、懇切に解説しています。お客さまにより満足していただけるよう、いつも手元に置いておきたい、観光ボランティアガイドの必携の書です。 （平成27年1月発行）
地域紹介観光ボランティアガイド 運営活動マニュアル A4判　86頁　本体1,500円	主に観光ボランティアガイド組織を運営する方々や支援をする方々を対象に、観光ボランティアガイドの意義をはじめ、募集から育成まで、また組織の活動や運営方法について解説しています。 （平成11年3月発行）
訪日外国人おもてなし ガイドブック ーインバウンド虎の巻ー A5判　123頁　本体1,500円	本書は、訪日観光客などへの現場での対応事例などを中心に、ムスリムの受け入れや災害時の受け入れ対応などについて紹介しているほか、これから訪日外国人の受け入れを始められる方に向けた基礎資料や市場別の特徴などの解説も収録されています。訪日外国人受け入れの必携書として、是非ご活用ください。 （平成27年9月発行）

9

ヘルスツーリズム事例集

ヘルスツーリズムの概念、定義、およびその推進のための課題と展開方策についてまとめた報告書「ヘルスツーリズムの推進にむけて」(平成 19 年 3 月発行) に引き続き、今回は各地で取り組まれているヘルスツーリズムの先進事例をまとめた事例集を発行しました。ヘルスツーリズムの推進主体・推進体制や事業費、補助金、助成金といった取組の基礎となるものから、実際の取組内容について写真を交えて詳しく紹介しています。

A4 判　52 頁　本体 2,000 円

(平成 20 年 3 月発行)

ヘルスツーリズムの推進に向けて
ーヘルスツーリズムに関する調査報告書ー

本書は、ヘルスツーリズムの概念・定義を明らかにし、その推進のための課題と展開方策の基本的な考え方についての調査を実施し、医科学、観光、行政、消費者等多彩な分野の専門家による検討委員会での活発な話し合いを経て、報告書として取りまとめたものです。

A4 判　82 頁　本体 2,000 円

(平成 19 年 3 月発行)

地域観光協会
『観光まちづくり』
実態調査報告書

昨今の観光を取り巻く社会経済状況の変化を踏まえ、地域の観光連盟・協会の組織実態や取り組みの現状を把握するとともに、新たに求められる“観光地域づくり”の担い手としての役割等から、今後の課題や変革の方向性を明らかにすることを狙いに調査を行い、その結果をまとめたものです。本調査では、広域観光推進組織、都道府県観光協会・連盟等の事業報告書を収集するとともに、主要観光地の観光協会等を含めたアンケートやヒアリングを実施し、その実態を詳細に整理しています。本書は、今後の観光協会・連盟等の取り組みや変革、全国の観光地域づくりに関わる方の参考書としてご活用いただければ、幸いです。

A4 判　354 頁　本体 4,800 円

(平成 24 年 2 月発行)